法兰西思想界的神牛

科耶夫的知识生产传播

大夏世界史文丛

肖琦————著

社会科学文献出版社
SOCIAL SCIENCES ACADEMIC PRESS (CHINA)

总　序

经过两年多的策划和准备，"大夏世界史文丛"终于问世了。本套丛书由三部分组成：资深学者的个人文集、反映华东师范大学世界史学科队伍最新研究水平的论著和着眼于人才培养的教材及读本。

世界史学科是华东师范大学历史学系的传统优势学科。1951 年建校时便汇聚了林举岱、王养冲、郭圣铭等一批知名教授。20 世纪八九十年代，法国史、二战史、非洲史、俄苏史、美国史、德国史等研究领域在国内学界都确立了自己的地位，拥有孙道天、艾周昌、陈崇武、王斯德、李钜廉、钱洪、孙炳辉、余志森、洪波、潘人杰等一批知名学者。1984 年，华东师范大学历史学系获批成立世界史博士点，1987 年获得博士学位授予权，为改革开放后我国世界史学科的发展培养了一大批人才。1995 年，华东师范大学世界史学科又成为上海市教委重点学科。1998 年世界史学科设立历史学一级学科博士后流动站，2000 年获得历史学一级学科博士学位授予权，确立了地区国别史、断代史和专门史（思想史）三个重点发展方向。

华东师范大学世界史学科目前所取得的成就和影响力与老一辈学者打下的良好基础密不可分。今天我们编辑和出版这些老先生的个人文集，不仅是重温他们的学术思想，了解他们的学术发展轨迹，更是对他们治学理念的回顾和传承，管窥他们对学术的孜孜追求和敏锐的学术洞察力。

进入 21 世纪后，华东师范大学世界史学科发展获得新的发展机遇。2007 年被教育部批准为国家重点学科（培育），同年被上海市政府批准为上海市重点学科。在国家"211 工程"和"985 工程"建设中，世界史学科也一直作为重点学科建设对象，获得研究资金和人员配备上的支持。在调整学科布局和保持原学科优势的基础上，涌现出以冷战国际史、中国周边关系史、地区国别史、全球思想文化史、国际历史教育比较等为代表的五个学科群。其中冷战国际史研究已成为国内一流、国际影响较大的学科发展方向，形成了一支实力强劲的优秀研究团队。继 2016 年华东师范大学成立周边国家研究院后，中国与周边国家关系，尤其是 20 世纪下半叶的双边关系史研究异军突起，研究团队几乎访问了所有的周边国家档案文献收藏机构，并搜集了数量可观的周边国家对华关系档案，总量达数百万页，搭建起了一个周边国家对华关系文献数据库，档案语种涵盖越南语、缅甸语、泰国语、马来西亚语、柬埔寨语、蒙文、韩文、日文和俄文等。在此基础上，研究团队除了给有关部门提交了数十篇高质量的咨询报告外，还在国内外权威期刊公开发表数篇学术论文。在地区国别史方向，非洲史、德国史和美国史在继承老先生文脉的基础上又有了新的发展，其中非洲史侧重于中非关系、非洲文化和坦桑尼亚历史的研究，与达累斯萨拉姆大学联合成立了"坦桑尼亚研究中心"，密切了双方的学术交流和人才培养机制；德国史主要关注 20 世纪德国历史的演进，特别是断代史、社会史、外交史、史学史及中德关系史，郑寅达教授现任中国德国史研究会会长；美国史则倾向于对美国城市发展过程中内部治理的研究。在国际历史教育比较方向，引领中国历史教育走向国际化。本学科从 21 世纪初开始便积极同国际历史教育界建立联系，近四年已两次召开国际历史教育工作坊，邀请来自世界各地的专家与会，讨论如"各国历史教科书中的中国形象"等重大话题。孟钟捷教授当选为国际历史教育学会学术委员会成员，多次参加国际历史教育领域的合作项目。杨彪教授多次前往国际教科书研究所从事研究。2015 年起，本学科与德国奥格斯堡大学合作，创立国内首个历史教育海外研修学校，组织大学教师、中学教师、历史师范生前往德国进修学习。

"路漫漫其修远兮，吾将上下而求索。"经过 60 多年的学术积累和发展，华东师范大学世界史学科已经形成具有自己特色的研究领域和学科布局，并建立了从本科到博士后的完整专业人才培养体系，学术研究水平和人才培养质量在国内同类系科中位于前列，若干研究领域处于国际领先地位。在 2016 年全国第四轮学科评估中，华东师范大学世界史学科获得

A＋的评价，这既是对我们过去几十年来不遗余力地发展世界史学科的肯定，也是对我们未来向世界一流学科迈进的鞭策。为此，我们本着有所为有所不为的原则，在继承华东师范大学世界史学科前辈奠定的学科特色的基础上，放眼全球，努力与当今世界著名高校的世界史研究接轨，重点发展以下三个方面。

一是世界史学科在发展过程中主动对接国家战略，以适应社会经济发展提出的新需求。冷战史、地区国别史、欧洲社会文化史和国际历史教育比较研究等都涉及国家重大对外战略与重要学术创新。冷战国际史研究引领国内学术研究的潮流，同国际上的许多知名大学和研究机构建立了广泛而密切的学术联系，成为极具特色和优势的研究领域之一。结合华东师范大学"引领中国教师教育"的办学方针，世界史学科积极开展国际历史教育的比较研究，以"中国周边国家历史教科书中的中国形象"作为未来的重大研究课题。学科还积极参与上海市的智库建设，提交咨询报告。

二是致力于思考华东师范大学世界史学科人才培养的目标和方向，形成自己的学科特色和目标。那就是致力于培养热爱祖国，德智体全面发展，专业基础扎实、能力强、素质高，自觉为社会主义现代化事业、为繁荣历史科学服务的高级专门人才。其中以两类为主：一是基础教育的骨干师资，二是高等院校和科研单位的研究人员。人才培养过程中秉持"宽口径、厚基础"的理念，注重科研能力的训练和综合素质的培养。要求所培养的硕士研究生具有较系统的理论基础和正确的教育思想观念，熟悉国内外史学研究动态，打好扎实深厚的专业基础，能运用科学的研究方法进行专业领域的学术研究，熟练掌握一门外国语，毕业后能在本学科领域独立从事研究和教学工作，或在实际工作部门从事相关工作。博士研究生具有较深厚理论素养和先进的教育思想观念，熟悉本专业领域史学研究成果和国内外最新研究动态，能够站在学术前沿，运用先进的研究方法和手段进行创造性研究，至少熟练掌握一门外国语，毕业后能在本学科领域独立从事高层次的研究和教学工作，或在实际工作部门从事相关的较高层次工作。目前，华东师范大学世界史学科下设世界断代史、世界地区国别史、专门史（冷战国际史）三个二级学科博士点和硕士点，同时拥有世界史一级学科的博士后流动站。世界断代史方向涵盖了世界上古中世纪史、世界近代史、世界现代史和世界当代史。注重世界通史观的培养，注意打破各断代史的壁垒，使学生形成宏观的世界史认识。地区国别史方向包括非洲史、美国史、德国史、日本史、法国史等，其特色是注意将国别史中的国内史与对外关系史相结合。专门史方向主要为冷战国际史和中外关系史，目前是国内领先的学科方向，集合了国内顶尖的学者。以冷战国际史研究中心和当代文献史料中心为依托，将档案资料的收集与科学研究紧密结合，在利用档案文献研究社会主义国家关系史、中国与周边国家关系史方面已经形成了自身的特色，同时在研究生培养方面也形成了以档案文献整理为特色的理论与实践课程。

三是努力与国际接轨，及时跟进国际社会世界史学科研究的新进展。早在 2013 年，就在美国著名智库伍德罗·威尔逊国际学者中心设立了"华东师大 – 威尔逊中心冷战研究工作室"。从 2017 年开始，又陆续在日本早稻田大学、越南国家社会科学研究院、德国奥格斯堡大学和坦桑尼亚达累斯萨拉姆大学设立了工作站，目的是在世界历史研究领域内增进双方在学术交流、学生培养和联合研究等方面的深入合作。上述五个工作站同时也是开放式的，为中国其他高校世界史的师生进站研究提供必要的相关帮助。

当今国际学术界的世界史研究日新月异，冷战国际史、全球史、环境史、社会史、妇女史、城市史、医疗史、移民史等领域的研究成果不断涌现，华东师范大学世界史学科在跟踪这些领域研究动态的同时，也努力展现自己的学术研究成果，为建构中国特色的世界史学科体系、学术体系和话语体系贡献自己的微薄之力。

沐　涛

2019 年 10 月

目 录
CONTENTS

前　言

　　"头儿，您在向一头神牛发起进攻。"据法国国土安全局官员雷蒙·纳尔（Raymond Nart）回忆，下属在调查完科耶夫案件后回来对他如是说道。纳尔对科耶夫的最早认识来自中学哲学课堂。课上他的哲学老师大段引用科耶夫的话，仿佛是与科耶夫神交已久的故人。谁也无法料到，当年这位认真听课的少年日后会作为法国的情报官员主导对科耶夫的调查，并将此案称为"世纪大案"。在科耶夫生前，围绕着他的秘密调查并未得出一些明确结论。1990 年代，苏联与罗马尼亚情报部门的档案被相继披露，法国思想界仍然对科耶夫可能服务于克格勃一事鲜少提及甚至避而不谈，这令纳尔不由感叹："说科耶夫是法国思想界的神牛毫不夸张。"[①]

　　这位法兰西思想界的神牛正是本书的主人公。1902 年，亚历山大·科耶尼科夫出生在莫斯科。与当时俄国大多数富家子弟一样，他从小受到了良好的教育，中学阶段已经初步掌握了拉丁语、英语、法语、德语等语言。俄国革命爆发后，科耶尼科夫不能正常进入大学学习，不得不辗转到柏林与海德堡继续求学。1926 年，科耶尼科夫结束了在海德堡大学的学习，定居巴黎，并于 1933 ～ 1939 年在巴黎高等研究实践学院（EPHE）开设"黑格尔导读"课程，[②] 其间入籍法国，改名为亚历山大·科耶夫——一个更法国化的名字。"黑格尔导读"课程最终奠定了科

[①] Raymond Nart, «Alexandre Kojevnikov dit Kojève», *Commentaire* 161（2018）：219 – 228.

[②] 该课程的名称在巴黎高等研究实践学院官方年鉴的全称为"黑格尔的宗教哲学——以《精神现象学》为中心"。在本书出现的"黑格尔导读"课程、"黑格尔导读"讲座、"精神现象学"讲座、黑格尔讲座等表述均指该课程。

耶夫在法国乃至国际学术界的地位，他被认为是在法国推动了黑格尔主义复兴的关键性人物，许多法国当代哲学史也以其为开端。[①] 战后，科耶夫进入法国对外经济关系部（DREE），开始了政府高级公务员的生涯。1948 年他被任命为欧洲经济合作组织（OEEC）秘书，在欧洲煤钢联营、关税与贸易总协定（GATT）等国际性组织的建设与国际协议的谈判中发挥了重要作用。1968 年科耶夫于布鲁塞尔参加一次国际会议时，因突发性心肌梗死去世，终年 66 岁。

研究概况

半个世纪以来，科耶夫在法国哲学史、思想史与知识分子史中日益成为神话一般的存在，对科耶夫的研究也在法国本土及国际学术界引发越来越多的关注，尤其集中在以下几个方面。

1. 黑格尔主义在法国的复兴[②]

在法国学术界，20 世纪初是新康德主义与心灵主义一统天下的年代。尽管早在一个世纪之前，黑格尔就在莱茵河的彼岸完成了他宏大体系的建构，但是在法国，除了在 19 世纪中叶，维克托·库赞（Victor Cousin）曾经做过一些引进的努力外，黑格尔的影响是微乎其微的。1930 年，亚历山大·科瓦雷（Alexandre Koyré）在一份向第一届黑格尔国际讨论会提交的题为《法国的黑格尔研究状况》的报告中，不得不因为实在没有什么内容可以言说而道歉。[③] 然而，自那以后直到 1960 年代的法国学界，被

① Vincent Decombes, *Le Même et L'Autre*: *Quarante-cinq Ans de philosophie française* (*1933 – 1978*) (Paris: Minuit, 1979); Gwendoline Jarczyk, Pierre-Jean Labarrière, *De Kojève à Hegel*: *Cent cinquante ans de pensée hégélienne en France* (Paris: Albin Michel, 1996).

② 如 Gwendoline Jarczyk, Pierre-Jean Labarrière, *De Kojève à Hegel*: *Cent cinquante ans de pensée hégélienne en France*; Barry Cooper, *The End of History*: *an Essay on Modern Hegelianism* (Toronto: University of Toronto Press, 1984); Michael S. Roth, *Knowing and History*: *Appropriations of Hegel in Twentieth-Century France* (Ithaca and London: Cornell University Press, 1988); Lila Mark, "The End of Philosophy: How a Russian Emigré Brought Hegel to the French," *Times Literary Supplement* April 5 (1991): 3 – 5; Devlin F. Roger, *Alexandre Kojève and the Outcome of Modern Thought* (Lanham: University Press of America, 2004).

③ Alexandre Koyré, *Etudes d'histoire de la pensée philosophique* (Paris: Armand Collin, 1961), p. 205.

哲学史家樊尚·德贡布（Vincent Descombes）称为"3H"（Hegel，Husserl
与 Heidegger）的一代。德贡布认为造成这一现象的原因有两点，一是俄国
革命之后重新产生了对马克思主义和黑格尔的兴趣；二是科耶夫 1930 年代
的"黑格尔导读"课程受到后来成为"3H"一代的主角，包括雅克·拉康
（Jacques Lacan）、梅洛 – 庞蒂（Merleau-Ponty）、雷蒙·阿隆（Raymond
Aron）、埃瑞克·韦伊（Eric Weil）、乔治·巴塔耶（Georges Bataille）、安
德烈·布勒东（André Breton）等在内的人的追捧。1947 年"黑格尔导读"
讲稿的出版为人们再现了当年讲座的内容，提供了一手的研究资料。

2. 科耶夫与施特劳斯之争[①]

　　科耶夫与施特劳斯相识于学生时代。后来，他们一位成为在美国政界
与思想界都极具影响力的政治哲学家，一位是法国政府的高级幕僚。二人
的友谊（尤其是后期）始终伴随着对学术问题的探讨与争论，他们彼此
也认为对方是最能理解自己学术关切的为数不多的朋友之一。科耶夫与施
特劳斯争论的焦点主要集中在古代与现代、政治与哲学的关系上，这些争
论引发了英美与中国学界的浓厚兴趣。施特劳斯认为哲学应该保持自己的
独立性，与政治保持一定的距离；科耶夫认为两者并非互相排斥，而是可
以相得益彰。"科耶夫 – 施特劳斯争论"集中在已出版的《论僭政——色
诺芬〈希耶罗〉义疏》一书中，争论的背后是双方各自秉持的柏拉图主
义与黑格尔主义体系的冲突。[②] 施特劳斯门生众多，他们经常来往于大西
洋两岸，有机会受教于科耶夫，这也成为推动开展科耶夫研究的一支重要
力量。[③]

---

①　参见 Grant George，"Tyranny and Wisdom：A Comment on the Controversy Between Leo
Strauss and Alexandre Kojève，" *Social Research* 31 （1964）：45-72；Gourevitch Victor，
"Philosophy and Politics，I，" *Review of Metaphysics* 21 （1968）：58 – 84；Gourevitch Victor，
"Philosophy and Politics，II，" *Review of Metaphysics* 22 （1968）：281 – 328；Robert
P. Pippin，"Being，Time，and Politics：The Strauss-Kojève Debate，" *History and Theory* 32
（1993）：138 – 161；Roth Stanley，*Hermeneutics as Politics* （Oxford：Oxford University
Press，1987）；等等。

②　Leo Strauss，*De la Tyrannie* （Paris：Gallimard，1997）。

③　施特劳斯的学生如维克多·古尔维奇（Victor Gourevitch）、斯坦利·罗森（Stanley
Rosen）、迈克尔·罗思（Michael Roth）、艾伦·布鲁姆（Allan Bloom）等都曾经负笈法
国求教于科耶夫，他们也大都撰文忆及与科耶夫的交往，对科耶夫思想有一定的研究。
其中又以《走向封闭的美国精神》的作者艾伦·布鲁姆最为知名。

3. 历史终结论①

在科耶夫的《黑格尔导读》中，黑格尔认为在拿破仑帝国之后，人类社会的历史已经终结，达到完善。② 无论是俄国革命还是中国革命，它们都是法国革命的复制，都是奴隶战胜了主人，人的完全承认只能存在于普遍均质国家中。那时否定性将归于同一，人类社会重新返回到动物性，这就是所谓"后历史时期"。美国似乎是这方面最成功的例子。值得注意的是，1950 年代的日本之行使科耶夫做出一些重新思考。在日本，他发现在后历史时期同样存在否定性，这种否定性与斗争和劳动都无关，而是表现在诸如茶道、插花、艺伎等艺术上，"纯粹状态和总的追求高雅在那里创造了否定自然的或动物的给定物的纪律"，这些都与"在根据社会和政治内容的历史价值进行的斗争中冒生命危险毫不相干"。③ 应该说历史终结论的思想既不是黑格尔，也不是科耶夫的首创。苏东剧变发生后，福山（Fukuyama）做出的历史将终结于资本主义的判断引发了国际学界的热烈讨论。有中国学者提出，终结论的背后其实蕴育了西方的一场普世主义之争，争论的一方以查尔斯·泰勒为代表，主张不同文化体系的共同发展，另一方以科耶夫和福山为代表，认定人类的历史必将终结于一个普遍主义的发展模式。

4. 科耶夫的国家哲学

科耶夫在二战中先后完成了《权威的概念》和《法权现象学纲要》两本政治哲学论著。④ 在书中，科耶夫提出了他关于权威的四种类型、三权分立与普遍均质国家的设想。战后，科耶夫很快拟就了一份《法国国

---

① 参见 Barry Cooper，*The End of History：An Essay on Modern Hegelianism*；Michael S. Roth "A Problem of Recognition：Alexandre Kojève and the End of History，" *History and Theory：Studies in the Philosophy of History* 25（1985）：293 – 306；James H. Nichols，*Alexandre Kojève：Wisdom at the End of History*（Lanham：Rowman & Littlefield Publishers，Inc.，2007）；等等。

② 有研究指出，黑格尔并未宣称历史已经终结于普鲁士的君主立宪国家中，见薛华《黑格尔、哈贝马斯与自由意识》，中国法制出版社，2008，第 68~148 页。

③ A. Kojève，*Introduction à la lecture de Hegel*（Paris：Gallimard，2008），p. 436.

④ A. Kojève，*La Notion de l'Autorité*（Paris：Gallimard，2004）；*Esquisse d'une phénoménologie du droit*（Paris：Gallimard，2007）.

事纲要》，[1] 在这份国情建言书中，科耶夫描述了战后法国所面临的两大主要危险：来自苏联的共产主义与来自英德美等日耳曼国家的包围。他指出法国的出路在于联合南欧拉丁语国家，利用它们之间历史、文化、语言的优势，建立一个广泛的拉丁帝国，从而达到与共产主义帝国和日耳曼帝国相抗衡的目的。科耶夫的这一设想在他入职欧洲经济合作组织之后发生了变化，他开始不遗余力地推动欧洲一体化建设，并以他的敏锐、机智与博学成为国际谈判中一位令人敬畏的对手。[2]

最近一段时期以来，科耶夫研究除了在以上几个方面继续深入之外，又有了新的推进。例如对其早年学习与受教育的知识场域的研究，[3] 对他的俄罗斯思想背景的分析，[4] 对他与巴塔耶、韦伊、加斯东·费萨尔（Gaston Fessard）等人思想的比较等。[5] 然而，已有的研究中尚无著述从知识史的视角切入，对科耶夫的知识生产与传播做较为系统的梳理。

问题意识

知识的概念是一个古老的哲学问题。亚里士多德将知识分为理论知识（自然知识）、实践知识和创制知识三类。近现代以来围绕知识与认识、知识的获得等问题的讨论将对知识的研究引向深入。20 世纪以后，自曼

---

[1] 参见 A. Kojève, L'Empire Latin: Esquisse d'une doctrine de la politique française, 1945, NAF 28320, Fonds A. Kojève, BNF。

[2] 见 Riley Patrick, "Introduction to the Reading of Alexandre Kojève," *Political Theory* 9 (1981): 5 – 48; Michael S. Roth, "A Note on Kojève's Phenomenology of Right," *Political Theory* 11 (1983): 447 – 450; James H. Nichols, *Alexandre Kojève: Wisdom at the End of History*; James H. Nichols, «l'Enseignement de Kojève sur l'Autorité», traduit par Isabelle Hausser, *Commentaire*128 (2009 – 2010): 880 – 891。

[3] Marco Filoni, *Le Philosophe du Dimanche* (Paris: Editions Gallimard, 2008).

[4] Jeff Love, *The Black Circle: A Life of Alexandre Kojève* (New York: Columbia University Press, 2018).

[5] 参见«Philosopher à Paris dans les années 30: Kojève/Koyré» enregistrement, Paris, le 17 – 18 mars, le 5 – 6 mai, 2011; Collectif, *Critique: Weil, Kojève, Bataille* (Paris: Les éditions de Minuit, 2000); Philippe Sabot, «Bataille, Entre Kojève et Queneau: Le Désir et l'Histoire», *Le Portique* 29 (2012): 19 – 35; Marco Filoni, «Alexandre Kojeve et Eric Weil, Chemins Croisés», https://www.academia.edu/10708711/Alexandre_Kojeve_et_Eric_Weil._Chemins_croises, 最后访问日期：2018 年 8 月 24 日；Danilo Scholz, «Alexandre Kojève et Gaston Fessard sur l'autorité et la politique», *Revue Philosophique de la France et de L'étranger* 141 (2016): 343 – 362; 等等。

海姆创立知识社会学到福柯知识考古学的风靡一时，及至彼得·伯克在知识社会史的框架下考察欧洲知识系统结构变迁的历史，知识与社会的互动、知识的历史维度等问题日益引发学界的重视。① 尽管我们在最广泛的意义上使用知识一词，但在知识史视野中重新审视科耶夫一定是他本人所不希望看到的。因为科耶夫喜欢谈论智慧而非知识，他认为哲学家与智者（或圣贤，Sage）是智慧的拥有者，他们了解一切，掌握一切。哲学家的任务在于提出问题，而智者的任务在于回答问题，"他能以可理解的方式，甚至令人满意的方式回答人们关于其行为向他提出的问题，并且他的所有回答能构成前后一致。或者说，智者是充分和完全地意识到自己的人"。② 在科耶夫的理论体系内部，黑格尔是智者，拿破仑是位不自知的智者。在他自己是不是智者这个问题上，他以一种戏谑的态度来代替回答。尼克劳斯·桑巴特（Nicolaus Sombart）在《巴黎的学习岁月》中记载过他就这个问题在科耶夫办公室得到的回答："最初我把黑格尔看作是疯子，因为他认为自己是上帝。但是，当我进一步研究他的时候，我修正了这种想法，因为我也认为他是上帝。如果我们两个具有这样的信念，那么他不可能是疯子。"③ 桑巴特认为，科耶夫其实是说，黑格尔是上帝，他是黑格尔，所以他也是上帝。在桑巴特看来，人们永远搞不清楚科耶夫说这话是认真的，还是只想同他的对话者故弄玄虚。④ 事实上，科耶夫在对待哲学与政治问题时经常使用这种戏谑的处理方式。罗森称此为一种讽刺的轻浮，他说："科耶夫用一种讽刺的轻浮去遮掩自己的严肃，而且以此装饰自己最特别的、有洞见的观察……"⑤ 尽管如此，这种戏谑、讽刺与故弄玄虚常常让科耶夫研究者生出某种绝望，发出同样的疑

---

① 参见曼海姆《意识形态和乌托邦：知识社会学引论》，霍桂恒译，中国人民大学出版社，2013；福柯：《知识考古学》，谢强等译，三联书店，1998；彼得·伯克：《知识社会史》上卷，陈志宏等译，浙江大学出版社，2016；彼得·伯克《知识社会史》下卷，汪一帆等译，浙江大学出版社，2016。

② A. Kojève, *Introduction à la lecture de Hegel*, p. 271.

③ 尼克劳斯·桑巴特：《巴黎的学习岁月》，洪天富译，南京大学出版社，2010，第488页。

④ 尼克劳斯·桑巴特：《巴黎的学习岁月》，第488页。

⑤ Stanley Rosen, "Kojève's Paris: A Memoir," *Parallax* 3 (1997): 1 – 12.

问——"他是认真的吗，或者说在什么意义上他是认真的?"①

　　科耶夫的审慎和隐秘还表现在他不愿意出版自己的作品。他生前唯一出版的《黑格尔导读》一书，主体部分是雷蒙·奎诺（Raymond Queneau）整理的听课笔记，其余作品均为其去世之后由他人编辑出版。加之近年来，关于科耶夫是克格勃成员的传言从未停息，所有这一切都给我们准确把握他的思想与实践增添了难度。然而科耶夫在法国知识界却享有十分崇高的地位，在战后的法国政治界他曾发挥极为重要的作用。人们对科耶夫的着迷甚至被称为一种"科耶夫现象"。② 在此情况下，本书试图从知识生产与传播的视角出发来梳理科耶夫从一位巴黎的俄国流亡者到走上法兰西思想神坛的全过程，探讨他的知识的生成与传播机制、水准与途径。正如福柯在《知识考古学》中写道的，描述像思想史这样学科的特征不是一件容易的事，因为它的对象不确定，没有明确的界限，使用的方法东拼西凑，步骤上既无正确性，也无固定性。著作本身只有比喻的意义，代表着另一些东西，不是观念和思想的载体。《知识考古学》不承认作品及其作者有最高的权威，也不研究作者的希望和原意，而把一切前人的作品都看作在某种规则指导下提供的例证。需要研究的恰恰是那些在其中发挥着重要作用的规则性知识，这是一种非逻辑性、非历史性的规则性知识，而不是分门别类的具体的科学知识，也不是某个时期的历史的思想特征。③本书对科耶夫进行的这项知识考古之旅，将力图从整体上呈现这些规则的形成，为深入观察两次世界大战之间及战后的法国知识界与政界提供一个独特的视角，丰富对这一时期法兰西学界生态与政界生态的认知。当然，这些规则在多大程度上具有概括性与可复制性是不确定的。

全书结构

　　本书共五章。

　　第一章关注科耶夫 1930 年代在法国知识界成功进行的关于黑格尔的"布

---

①　Raymond Barre, « Le Conseiller du Prince », in *Hommage à Alexandre Kojève* (Paris: Bibliothèque Nationale de France, 2007), p. 58.

②　Pierre Hassner, « Le Phénomène Kojève », *Commentaire* 128 (2009 - 2010): 877 - 879.

③　福柯:《知识考古学》，第 150 ~ 151 页。

道"活动。1927年，科耶夫从海德堡来到巴黎，在这里，他遇到了同为俄裔
流亡学者、巴黎高等研究实践学院第五部的宗教史教授亚历山大·科瓦雷。
科瓦雷成为他学术事业上的领路人，在他经济困难时为其四处谋取职位，鼓
励其发表论文。1933年，年仅31岁，尚未获得法国博士学位的科耶夫接替科
瓦雷，在巴黎高等研究实践学院开设了著名的"黑格尔导读"课程。这一课
程的成功程度远远超过了当时另一位法国本土的黑格尔研究专家——索邦大
学教授让·瓦尔（Jean Wahl）所开的课程，而法国黑格尔作品的主要翻译者、
曾任巴黎高师校长的让·伊波利特（Jean Hypolite）也曾是该讲座的常客。在
20世纪30年代的思想与社会环境下，年轻的俄裔流亡者科耶夫是如何在巴黎
与黑格尔相遇？又如何在与瓦尔、伊波利特，甚至在与索邦、巴黎高师传统
的竞争中脱颖而出，成为当时乃至迄今为止法国最具影响力的黑格尔布道者？

　　第二章讨论科耶夫的知识本身。科耶夫在"黑格尔导读"课程中传授了
怎样的知识？历史终结论是科耶夫知识体系的核心，也是他的思想引发广泛
关注的最重要原因之一。在有关历史终结论的讨论中，普遍认为有黑格尔—
马克思—科耶夫—福山这样的思想谱系。科耶夫的历史终结论亦是他解读黑
格尔的切入口，是一种极具历史性与当下性的理论反思。当时的法国知识界
不仅受到法西斯主义、苏维埃革命的强烈冲击，还面临着第三共和国政局动
荡、经济大萧条、理论资源耗尽、政治投机主义、学术的意识形态化等问题
的挑战。在此背景下，科耶夫的国家观、他对知识分子的看法对研讨班
（Seminar）的听众产生了巨大的吸引力。在研讨班结束后，科耶夫也在不断丰
富他关于国家问题的思考，并将之写进了《法权现象学纲要》等著述中。

　　第三章聚焦科耶夫在黑格尔导读讲座之后的政治思考与实践。二战开始
后，科耶夫被动员入伍，但不久就与部队走散。他曾经试图逃往美国，最终
因为伴侣被捕，不得已留在了被占领区。1942年，科耶夫写成《权威的概念》
一书，为贝当政权辩护，倡导"民族革命"。战争后期，他在法国南部参加了
抵抗运动。战后，科耶夫经学生罗伯特·马若兰（Robert Marjorlin）介绍进入
法国政府部门工作，成为实际主宰法国当时经济外交走向的为数不多的几位
高级幕僚之一。顶着黑格尔导读讲座光环的哲学家弃学从政，完成了向哲学
王身份的转变。这一过程也是科耶夫神话建构的一个重要组成部分。

　　第四章论述科耶夫与伯父康定斯基，学生巴塔耶、雷蒙·阿隆的思想

论争与社会交往。科耶夫与康定斯基有大量的书信往来，他们探讨艺术与哲学问题，与康定斯基的亲缘关系被成功地转化为前者的象征资本。巴塔耶与阿隆都是科耶夫"黑格尔导读"的忠实听众，对黑格尔的有选择接受是导致他们，甚至"3H"一代人通往不同理论与实践方向的重要原因之一，他们构成了法国中右翼－左翼政治谱系的两极。巴塔耶与阿隆最终成为法国文学、思想、哲学、社会学等领域具有广泛影响力的著名文人、学者，他们对科耶夫的极力推崇极大推动了科耶夫神话的传播。

第五章关注科耶夫知识体系中的中国与东方因素以及科耶夫思想在中国的传播。科耶夫系统地学习过东方语言与哲学，东方文化对他的无神论思想的形成和对他关于文化的普遍性与特殊性问题的思考起到至关重要的作用。在其未出版的手稿中，至少有三篇关于中国问题的书评。近年来，科耶夫在中国受到越来越多的关注，人们对他的黑格尔讲座、与施特劳斯的争论及其作为哲学家的政治实践都表现出极大的兴趣。在这些关注背后，可能更多反映出中国学术界内部的一种诉求，但这种诉求是否如同霍奈特所说，是一种"不良的自我误读"？

最后作为全书的结论，科耶夫的知识生产与传播将被放在欧洲社会与思想的演进及法兰西第三共和国的社会与知识生产体系的背景下进行考察。社会的政治与学术生态环境、科耶夫知识体系的独特性如何作用于他的知识再生产与传播？科耶夫案例的启示有助于我们更好地理解知识史与思想史的分野，进一步思考知识与社会、知识与行动等问题。

本书使用到的材料主要包括四大类，第一类是已刊的科耶夫作品与通信；第二类是科耶夫尚未刊印的作品与通信；第三类是与科耶夫相关的文献资料；第四类是本书参考到的其他文献资料。这其中许多资料，如科耶夫关于中国问题的书评、他与友人的通信等都是首次在中国乃至世界范围内被披露及解读。科耶夫曾言，他不希望人们关注他哲学之外的东西，因为那并不能说明什么，重要的是他的体系本身能否自洽。[①] 然而哲学绝不仅仅是一种文本的集合，它还涉及受众、场域与实践。正是在特定的时间与空间中，哲学与思想的文本被建构为一种有价值的研究对象。

---

① 　A. Kojève, *Le Concept, le Temps et le Discours* （Paris：Gallimard, 1991） p. 36.

第一章 黑格尔布道者

第一节 早期黑格尔哲学的传播

学界的接受

法国对黑格尔的接受历经近百年的时间才得以完成。这一百年也是欧洲哲学加速现代化与职业化的一百年。神学主导的大学哲学研究与教育逐渐退出历史舞台，贵族沙龙哲学随着贵族体制的失势销声匿迹，世俗化的大学哲学院所及哲学教师们成为现代哲学发展的主要推动力。1820 年代，黑格尔在柏林大学完成了他宏大哲学体系的建构。在法国学界，库赞最早注意到黑格尔哲学，并试图做过一些引进的努力。他在 1816 年专程前往海德堡大学拜访黑格尔。在《德国记忆》中，他这样描述了与黑格尔的首次相遇："我决定在汽车离开之前的几个小时中去拜访黑格尔，而那一天，汽车最终没有带走我。第二天，仍没有能够带走我。第三天，我带着注定还要回来，并要在此多待几日的决定离开了海德堡。……很难说清楚对他如此迅速而强烈的喜欢。这种喜欢决不来自他有什么出色的口才，或者他的话语有怎样的魅力，相反他法语说得很不好，夹杂着大量的德语……黑格尔先生热爱法国，热爱 1789 年的法国大革命，黑格尔先生总是向我提到拿破仑，并且和我一样，对于拿破仑的描述总是充满忧伤，他充满自由思想，同时又很欣赏君主制……黑格尔崇尚无界限的自由精神，他将所有事物都放入他的哲学之中，宗教、政府、艺术、文学与科学，他让我看到了一个伟大精神的幽灵，他用属于他自己的有些学院化的语言向我们展示了庞大而一般的命题，它们都很大胆并且很新奇……"①

　　库赞就此与黑格尔发展出毕生的友谊。1824 年，当他在德累斯顿被指控为炭烧党人而遭到逮捕，并被转送到柏林时，黑格尔给予了积极的援助。在被指定住居在柏林的一年时间内，库赞更为频繁地拜访黑格尔，并结识了后者的学生如爱德华·甘斯（Eduard Gans）、海因里希·古斯塔夫·霍托（Heinrich Gustav Hotho），获赠黑格尔《历史哲学》《哲学史》与《美学》等课程大纲手稿。② 库赞后来曾担任巴黎高师校长、法国公共教育部部长、哲学教师资格考试委员会主席、法兰西道德与科学学院院士，并将德国的唯心主义哲学（谢林哲学、康德哲学、黑格尔哲学）与苏格兰的常识学派哲学相融合，发展出一套折衷主义哲学传统。然而，他一生所撰著作三十多本，却无一本关于黑格尔的专著。库赞对黑格尔的传播更多是体现在对黑格尔思想的吸收、教学等方面。与此类似的还有勒南（Ernest Renan）与泰纳（Hippolyte Taine）。19 世纪末，法国社会主义的先驱、巴黎高师哲学系高才生吕西安·埃尔（Lucien Herr）对黑格尔亦有深入研究，他甚至还准备写一本黑格尔研究专著（最后未能完成），但他选择不向他的法国同胞引介黑格尔哲学。③

　　学界引进外国哲学与思想存在几种途径：（1）从外国文献中直接习得；（2）从外国文献中直接习得并做出相关研究；（3）翻译；（4）翻译并做出诠释；（5）从翻译的文献中习得；（6）从翻译的文献中习得并做出研究。对以上途径，我们均可做一些量化统计。例如对途径一，我们可通过在法国哲学家的作品中检索关键词"黑格尔"，考察他们对黑格尔的接受情况。对途径二，我们可考察某段时间内法国哲学家关于黑格尔的研究著作数量。对途径三，则可统计黑格尔作品被翻译成法语的情况等。

　　图 1-1 中笔者统计了 1800~2000 年谷歌法语文献中"黑格尔"一词出现的频率。可见，1840~1845 年，黑格尔一词在法文文献中的出现频

　　① 转引自崔唯航《穿透"我思"——对科耶夫欲望理论的存在论研究》，中国社会科学出版社，2014，第 17 页。

　　② G. W. F. Hegel, *Esthétique*, manuscrit de Victor Cousin, introduction et notes par Alain-Patrick Olivier（Paris：Vrin-Bibliothèque des Textes Philosophiques,Édition du texte, 2005）.

　　③ V. Y. Mudimbe, A. Bohm, "Hegel's Reception in France," *Bulletin de la Société Américaine de Philosophie de Langue Française* 3（1994）：5–33.

率有一个明显的上升趋势，这段时间正是库赞大力推行其中等教育中哲学课程改革的时段。1851 年之后直到一战结束前，除 1861 年出现了一个小高峰外，该词出现的频率总体较低。1861 年，奥古斯托·维拉（Augusto Vera）出版了第一本介绍黑格尔哲学的专著《黑格尔主义与哲学》（Paris：Ladrange）。值得注意的是，维拉在 19 世纪下半叶翻译了大量黑格尔作品，如《精神哲学》（Paris：Germer-Bailliere，1867，Vol. 1；1869，Vol. 2）、《自然哲学》（Paris：Ladrange，1863，Vol. 1；1864，Vol. 2）；《逻辑学》（Paris：Germer，1859）。直到 1930 年代之前，维拉的译本都是法国人，甚至是专业学者们阅读黑格尔的主要选择。然而，维拉译本质量不高似乎已是普遍共识。科瓦雷就说他是"一个热情但非合格的黑格尔信徒"；乔治·康吉扬（Georges Canguilhem）也说"维拉的那些旧的翻译可信度有限，那不过是一个差强人意的选择罢了"。① 黑格尔思想艰深晦涩，加之译本质量不高，这些均可能影响到早期黑格尔哲学在法国的传播。

图 1－1　Hegel 一词在谷歌法语文献中的出现频率

资料来源：Google Ngram Viewer，https：// ngrams. googlelabs. com/graph。

　　当然，最主要的原因不限于此。法兰西第三共和国的教育改革极大地推进了教育的世俗化进程，哲学教育更是成为共和国进行共和与爱国教育

---

① V. Y. Mudimbe, A. Bohm, "Hegel's Reception in France," *Bulletin de la Société Américaine de Philosophie de Langue Française* 3（1994）.

的重要抓手。随着法德之间的民族矛盾日益紧张，且在普法战争的战败中达到顶峰，法国人急切渴望复仇。今天在一战爆发的原因分析中，有观点认为这场战争是双方都做了长期准备要打的。同时，法国在反思普法战争战败原因时认识到，德国教育体系的优越性是法国战败的原因之一。而且法国应当像 1806 年耶拿战败后的普鲁士一样，重新建立自己的思想基础，所以他们主动向德国看齐。在制度方面，19 世纪下半叶，游学德国已成为法国优秀大学生学习阶段的必然选择。据统计，从 1879 年到 1939 年，巴黎大学文学院中的教师有近 18% 都在德国逗留过。[①] 在学术思想上，参考德国著作已被法国学术界视作一种规范。在最能体现两国双向交流与互动的翻译行业中，法语文学书籍更多地被翻译成德语，而德语哲学书籍更多地被翻译成法语。尽管如此，黑格尔仍未得到应有的重视，因为在法国本土思想资源的演进中，前有孔德开创的实证主义思潮统领了 19 世纪下半叶以来的法国学界，之后法兰西第三共和国立国思想——共和、科学、理性又与涂尔干学说、新康德主义不谋而合。此外，法国的学术有着一套相对封闭与严密的自我生产体系，共和国的官方哲学通过哲学教师资格考试、中高等教育中哲学课程大纲的制定等途径控制着哲学知识的生产与自上而下的传播。[②] 在此情况下，整个 19 世纪末 20 世纪初的法国学界成了新康德主义、实证主义与心灵主义的天下。

然而学界也在悄然发生着变化。1920 年代的大学课堂上，黑格尔开始受到更多的关注。维克托·德尔博斯（Victor Delbos）于 1922～1929 年在索邦大学教授黑格尔哲学。1928～1929 年，夏尔·安德莱（Charles Andler）在法兰西公学（Collège de France）的课程中重点讲授黑格尔哲学。[③] 当然，总体而言，这些研究与教学仍然处于初步的阶段。

①　克里斯蒂昂·德拉克鲁瓦等：《19～20 世纪法国史学思潮》，顾杭等译，商务印书馆，2016，第 92 页。

②　一个显著的例子是，法国的中学哲学教育大纲在 1923～1960 年的几十年间均未发生实质性变化，而同一时期占主导地位的哲学思潮却经历了天翻地覆的变化，参见 Jean-Louis Fabiani, *Qu'est-ce qu'un philosophe Francais? la Vie sociale des concepts（1880–1980）*（Paris：Edition de l'Ecole des Hautes Etudes en Sciences Sociales, 2010），p. 49。

③　V. Y. Mudimbe, A. Bohm, "Hegel's Reception in France," *Bulletin de la Société Américaine de Philosophie de Langue Française* 3（1994）：5–33.

哲学体系之外的接受

让·基连（Jean Quillien）在《19～20世纪法国对德国哲学的接受》一书中写道，法国学界对黑格尔的保留态度与公众对他的着迷形成鲜明的对比。① 在法国，学院革命要晚于德国发生，法国的大学并未形成教学与研究相结合的模式。大学以教学为主，研究性的工作主要集中在法兰西公学中进行。而且，法国在学院体系之外，尚存在一个极具竞争力的公众写作市场。在公众写作市场中，哲学往往与文学相融合，学院的技术规范与意识形态的渲染相结合，成为哲学与思想运动的基础，并一直延续到黑格尔复兴、存在主义和后现代主义运动时期。②

学院体系之外，最早在法国提及黑格尔的是历史考古学家若弗鲁瓦·施魏格奥塞（Geoffroy Schweighauser），施魏格奥塞提及黑格尔的时间是1804年，比库赞去海德堡拜访黑格尔早12年。在他之后，法学家莱米尼耶（Lerminier）也向法国思想界介绍过黑格尔。此后一些并非特别著名的哲学家才开始注意到黑格尔。1840年代，诗人波德莱尔在描绘他所讨厌的人的形象时，将信奉黑格尔主义作为其一种特征。著名思想家拉梅内、作家福楼拜与普鲁斯特都提及过黑格尔。③

让人意想不到的是，法国右翼民粹主义思想的来源——作家莫里斯·巴雷斯（Maurice Barrès）在1904年著有一本题为《从黑格尔到北方食堂》的作品。当时巴雷斯还在《徽章》（*La Cocarde*）杂志从事编辑工作，在成书前刚完成了一次对大型工人中心的访问。在该书中，巴雷斯只是将黑格尔作为康德、费希特、叔本华的对立面粗浅提及。事实上，由于语言的障碍，他与大多数非专业学习者一样，只能通过维拉的翻译、少数大学学者的评论与恩格斯的作品来了解黑格尔学说。巴雷斯说，自己读过恩格斯的两本特别"黑格尔"、传播特别广泛的作品——《路德维希·费尔巴哈和德

① Jean Quillien, *La réception de la philosophie Allemande en France aux XIXe et XXe siècles*（Lille: Presses Universitaires de Lille, 1994）, p. 61.

② 柯林斯：《哲学的社会学：一种全球的学术变迁理论》下册，吴琼等译，新华出版社，2004，第934～937页。

③ Jean Quillien, *La réception de la philosophie Allemande en France aux XIXe et XXe siècles*, pp. 61 – 62.

国古典哲学的终结》《社会主义从空想到科学的发展》。"正是黑格尔的哲学启发了德国的社会主义者,再带到法国的真理中来。"在巴雷斯的思想发生民族主义转向的阶段,他欣赏黑格尔的国家理论,这种理论对他来说,"是一种有力的思想,是社会主义"。在巴雷斯看来,黑格尔是集体主义(马克思)、巴枯宁的无政府主义与蒲鲁东的联邦主义这三个政治主义之父。①

在第一次世界大战之后兴起的超现实主义运动中,代表人物安德烈·布勒东不时提及自己对黑格尔的理解。他宣称是在1912年通过自己的哲学教师对黑格尔有了最初的了解,他也借助维拉的翻译进行了一些初步研究。布勒东对黑格尔思想的引用大部分集中于《自然哲学》、《历史哲学》与《美学》这几本作品,特别是其中关于诗性的部分。引人注目的是,1931年,为纪念黑格尔逝世100周年,以"为了艺术的艺术"为口号的超现实主义运动将它们杂志当年的第3期——《为革命服务的超现实主义》用于向黑格尔致敬。②

一战中的胜利使法国得以一雪前耻,战争后期俄国革命的爆发引发了法国社会对马克思主义与黑格尔的兴趣。1920年代以后,黑格尔主义作为一种重要的反思资源被引入法国学界,一批学院外的左翼知识精英们最早接触并开始阅读一些黑格尔的书及有关黑格尔研究的作品。法国国家图书馆管理员、作家巴塔耶在1927~1932年接触到黑格尔,③ 陆续读过黑格尔的《历史哲学》《逻辑》等作品,发表了一些以黑格尔主义为主题的论文。④ 巴塔耶对黑格尔的兴趣无疑是经由共产主义而来,他的经历在当时左翼知识精英中十分具有典型性。"在1925年最好的那批知识分子中,几乎没有人怀疑在共产主义与黑格尔主义之间存在一种联系。"⑤ 在黑格

① Jean Quillien, *La réception de la philosophie Allemande en France aux XIXe et XXe siècles*, pp. 65 – 67.

② Jean Quillien, *La réception de la philosophie Allemande en France aux XIXe et XXe siècles*, pp. 63 – 64.

③ Masayuki Maruyama, « Alexandre Kojève et Georges Bataille, deux pensées " contre-révolutionnaires" différentes », *Etudes de Langue et Littérature Francaises* 102 (2013): 121 – 136.

④ 张生:《从寻求"承认"到成为"至尊"——论巴塔耶通过科耶夫对黑格尔的主奴思想的吸收》,《现代哲学》2011年第4期,第22~29页。

⑤ Raymon Queneau, «Première Confrontation avec Hegel», *Critique* Aug-sept (1963): 695.

尔思想中，巴塔耶最感兴趣的是辩证法部分。他在 1930 年一篇发表在《文献》（*Documents*）杂志上名为《诺斯替派与唯物主义的衰败》的文章中第一次提到黑格尔。① 在同一本杂志第 2 期的《自然的差距》一文中，巴塔耶讨论了自然辩证法。最后在 1932 年与奎诺合作的《黑格尔辩证法基础批判》一文中，巴塔耶将他与作家奎诺就这一问题进行长期探讨的成果发表出来。值得注意的是，1955 年《丢卡利翁》（*Deucalion*）第 5 期黑格尔研究专号出版的时候，巴塔耶还将此文收入其中，可见他对自己 20 多年前的这篇习作的肯定。

就该文的写作背景，奎诺做过如下解释："我们这篇文章的主旨是回到黑格尔的观点。这一时期，胡塞尔和海德格尔刚刚开始在法国为人们所知，黑格尔作为一个不可化约的辩证法者出现。与此相比，人们却贬损共产主义的辩证法。虽然这时期我们都不是共产党员，但是我们却要来拯救这个僵化的唯物辩证法，我们提议用资产阶级思想中最好的那些资源即弗洛伊德的精神分析学说和社会学（涂尔干、莫斯——当时我们还不知道列维－斯特劳斯）来丰富它。"② 巴塔耶与奎诺也在文章中写道："如今马克思主义辩证法受到颇多责难，马克斯·伊斯曼（Max Eastman）将其看成是一种宗教思想。他们想把辩证法从无产阶级的意识形态中拿出来，这就像从身体里抽出血液。"③ 因此，文章的出发点是恢复辩证法的声誉，或者说提出一种处理辩证法的方法。他们想论证的是一种区别于自然科学与纯粹逻辑的，一种建立在生存体验的基础上，一种被结构注定了的思考方式或辩证法的基础。按照奎诺的回忆，在写完《黑格尔辩证法基础批判》之后，巴塔耶几乎不再怎么提及黑格尔，或者即使提及，也是不太友善地站在黑格尔的对立面。④ 巴塔耶对黑格尔重燃兴趣，是在不久后科耶夫开设"黑格尔导读"讲座时。

① 　Raymon Queneau, «Première Confrontation avec Hegel », *Critique* Aug-sept（1963）：696.

② 　Raymon Queneau, «Première Confrontation avec Hegel », *Critique* Aug-sept（1963）：697.

③ 　Raymon Queneau, «Première Confrontation avec Hegel», *Critique* Aug-sept（1963）：697. 马克斯·伊斯曼（1883～1969），美国文学批评家、作家、诗人、政治活动家，创办了《解放者》（*The Liberator*）等杂志。他早年积极支持社会主义主张，曾于 1920 年代在苏联生活两年。在斯大林"大清洗"与"托洛茨基事件"后，成为自由市场和反共思想的倡导者。

④ 　Raymon Queneau, «Première Confrontation avec Hegel», *Critique* Aug-sept（1963）：699.

自 19 世纪上半叶以来，法国对黑格尔的接受经历了漫长而曲折的历程。在学院内外，黑格尔被不同程度地征引与讨论。与学院体系滞后的反应相比，大学哲学专业之外，在文学与艺术的公共市场中，黑格尔成了一个颇具文化象征意义的表征。大批学术体制外的著名作家、文学批评家表现出对黑格尔的浓厚兴趣，这也成为两次世界大战之间黑格尔主义复兴的重要基础。

第二节 流亡巴黎的俄国知识精英

在法国推动黑格尔复兴运动的核心人物与向法国引介现象学与存在主义哲学的知识精英高度重合。他们大部分是俄国移民与流亡者，在一战与十月革命前后先后离开俄国，首先在德国接受哲学教育，之后来到法国，为法国思想界注入新鲜的血液。这批年轻的哲学家除科耶夫之外，还包括胡塞尔的得意门生、科学史内史学派的创始人科瓦雷，撰写了法国第一本关于胡塞尔、海德格尔研究著作的哲学家乔治·古尔维奇（Georges Gurvitch），主张将格式塔心理学与现象学相结合的立陶宛裔哲学家阿隆·古尔维奇（Aron Gurwitsch），还有一些其他的巴黎外国人，包括波兰裔的作家、翻译家皮埃尔·克洛索夫斯基（Pierre Klossowski），做出了让科耶夫羡慕不已的研究工作的德裔哲学家韦伊等。①

流亡的俄国人

黑格尔主义、现象学、存在主义思潮由一些年轻的俄国哲学家引入法国思想界并非偶然。19 世纪末 20 世纪初的巴黎是欧洲的"首都"，也是

---

① 科耶夫在写给施特劳斯的信中曾这样评价韦伊《哲学的逻辑》一书："韦伊写完了他的大部头著作，令人印象深刻。当然他受到我的课的影响，也非常黑格尔－马克思主义……你最好读一下。我后悔没有自己写出来。我如果不从事行政事务的话，也会去写。前提是我能找到一个能让我什么事儿都不用干，还挣钱的活儿。" Marco Filoni, «Alexandre Kojeve et Eric Weil, Chemins Croisés», https://www.academia.edu/10708711/Alexandre_ Kojeve_ et_ Eric_ Weil. _ Chemins_ croises，最后访问日期：2018 年 8 月 24 日。

俄国流亡知识分子们的精神麦加。① 18 世纪以来，法国文化在俄国社会产生了广泛而深远的影响，法语一度成为俄国宫廷的官方语言，俄国的上层阶级也以说法语为尊。1891～1893 年，法国与俄国为对抗三国同盟而结成法俄同盟，直到一战前期，双方在政治与经济上保持着密切的合作。19世纪末，在沙皇亚历山大二世被刺杀后，俄国开始迫害犹太人，大批俄国犹太人逃亡巴黎。据统计，这一时期巴黎的俄国移民中约有 3/4 是犹太人。②

　　十月革命与俄国内战的爆发，引发了更大规模的移民浪潮，有 150万～300 万的俄国人自愿或被迫离开故土，远走他乡。许多俄国人出于语言与家族的联系，选择斯拉夫国家，尤其是对俄国人最为友好的捷克斯洛伐克作为目的地。他们中的大多数继续向西进入德国境内，1920 年，约有 56 万俄国流亡者在德国定居下来，③ 德国成为接受俄国侨民最多的国家。这主要是因为一方面，一战后的德国为了支付巨额战争赔款增发货币，导致马克大幅度贬值，生活成本相对较低。另一方面，俄国与德国邻近，从俄国取道波兰即可进入德国。1924 年，随着德国经济与政治形式的恶化，在德的俄国侨民大幅减少，大量俄国流亡者从德国来到了工作机会更多的法国，法国取代德国成为拥有俄国侨民最多的国家之一。

　　总体而言，两次世界大战之间法国的俄国移民与流亡者群体呈现以下特点：

　　（1）文化程度较高。俄裔移民中自由职业者比例占俄裔移民总数的1/10，当时其他的外国移民中自由职业者的比例平均为 3%。④ 十月革命之后到法国的俄国移民更是呈现精英化的特征，中产阶级与上层人士占到

①　Robert Harold Johnston, *New Mecca*, *New Babylon*: *Paris and the Russian Exiles*, *1920 - 1945* (Montreal: Mc Gill-Queen's University Press, 1988); James E. Hassell, *Russian Refugees in France and the United States between the World Wars* (Philadelphia: American Philosophical Society, 1991).

②　Katherine Foshko, France's Russian Moment: Russian Emigres in Interwar Paris and French Society (Ph. D. Diss. , Yale University, 2008), p. 13.

③　Irina Sabennikova, "Russian Emigration in 1917 - 1939: Structure, Geography, Comparative Analysis," *A Quarterly Journal of the Russian Academy of Sciences* 1 (2011): 44.

④　Katherine Foshko, France's Russian Moment: Russian Emigres in Interwar Paris and French Society (Ph. D. Diss. , Yale University, 2008), p. 13.

较高的比例。

（2）主要聚居在巴黎。巴黎因为它浓厚、自由的文化氛围，获得了俄国侨民中上流人士、贵族与文人学者的喜爱。在巴黎的俄侨数量占到在法俄侨总数的近 1/3。如詹姆斯·哈塞尔（James Hassell）所言，全体俄国侨民的精神中心是法国，尤其是巴黎。[1]

（3）移民动机主要是意识形态与文化的吸引力，而非经济因素。正如当时法国观察者指出，"几乎所有的俄国的大脑都会在法国停留一会儿，让我们认识到且欣赏这一事实吧"。[2]

俄国侨民虽然在总数上少于来自意大利、西班牙、比利时等国的移民，但他们因其文化的特殊性和在一战中的角色格外引人注目。最初，普通的巴黎民众认为俄国流亡者是变节者，因为如果不是俄国提早与德国人签订停战协议，单方面退出了战事，后期的战事不会进行得如此艰难与惨烈。在这样的一阵质疑声过后，巴黎人才开始用一种稍微中立甚至是欣赏的态度来看待这些俄国革命的受害者。俄国流亡者们将他们奢华的生活方式带到势利的巴黎上流社会。共和多年的法国上流社会乃至中产阶级的夫人小姐们似乎在他们从前的仰慕者——俄国人那里找回了往日的荣光。整个 1920 年代，在新闻出版、电影音乐、餐饮文化等各个领域，一股"俄国风"正在刮起。据统计，在两次世界大战期间，法国的虚构作品中有俄国人物 55 人，而德国与英国的人物分别是 22 人与 20 人。[3]

这股"俄国风"与法国保守派的鼓励、支持密不可分。他们将人们对俄国流亡者的同情引导到历史的受害者、秩序、信仰上去，以此为自己的主张摇旗呐喊，寻求支持者；与此针锋相对的是法国的共产主义者对此的激烈反抗。在他们眼中，这些流亡者是革命的反动派，对法国的工人运动产生了极大威胁。然而，这些政治争论丝毫未能影响到人们对俄国这一异质文化的好奇与热衷。而随着法国与苏联关系的改善、经济危机爆发、

---

[1]　James E. Hassell, "Russian Refugees in France and the United States between the World Wars," *Transactions of the American Philosophical Society* New Series 81（1991）：1.

[2]　Livak Leonid, *Russian Emigrés in the Intellectual and Literary Life of Interwar France：A Bibliographical Essay*（Montreal：McGill-Queen's University Press, 2010）, p. 7.

[3]　Katherine Foshko, France's Russian Moment：Russian Emigres in Interwar Paris and French Society（Ph. D. Diss., Yale University, 2008）, p. 171.

排外主义浪潮的兴起以及 1930 年代后期联合苏联对抗纳粹德国的需要，法国政府与社会在看待俄国流亡者的态度上也发生着微妙变化。总体而言，在法国的外国移民中，俄国移民更受优待。① 法国情报部门的报告显示："许多俄国人已经能说很好的法语，或很容易学法语。他们想在这里待到他们国内的体制改变为止。然而他们有能力适应我们的生活方式与文明，所以即使他们没能等到国内体制改变，也会完全同化。"②

对法国的知识界而言，它们在一战后对俄国的兴趣，一方面是源于对俄国革命的好奇，另一方面也是出于共和国对待外国思想与艺术的开放态度与普世主义情怀。在此背景下，俄裔知识精英在 1930 年代的法国文化生产中开始绽放出夺目的光彩。

引路人科瓦雷

科瓦雷是科耶夫进入法国学术界的引路人。他是法国科学哲学、科学思想史的奠基人之一，被雅克·勒高夫称为科学史领域中的菲斯泰尔·德·古朗士。③ 马歇尔·克拉格特（Marshall Clagett）曾言，如果说科学史作为学科获得了一些持续发展，在某些程度上那都要归于科瓦雷。④ 今天的巴黎高等研究实践学院科学与技术史中心仍然以他的名字命名。同时，科瓦雷还是 20 世纪法国学术界最著名的俄裔学者之一。两次世界大战之间，正是一个以科瓦雷为核心的俄国流亡知识精英网络成为法国的现象学、存在主义与黑格尔复兴运动重要推手的时期。

科瓦雷 1892 年出生于俄国塔甘罗格（Taganrog）地区一个富裕的犹太人家庭。年轻时同情革命，因参与一起对顿河畔罗斯托夫地区总督的袭击活动入狱，1908 年被迫流亡德国。⑤ 科瓦雷到德国后，出于对胡塞尔的

① Katherine Foshko, France's Russian Moment: Russian Emigres in Interwar Paris and French Society (Ph. D. Diss., Yale University, 2008), p. 228.

② Katherine Foshko, France's Russian Moment: Russian Emigres in Interwar Paris and French Society (Ph. D. Diss., Yale University, 2008), p. 223.

③ Cristiana Chimisso, "Review Works: Bibiliographie d'Alexandre Koyré by Jean-Francois Stoffel and Paola Zambelli," *ISIS* 95 (2004): 737 – 738.

④ Marshall Clagett, "Commemoration," *ISIS* 57 (1966): 157 – 166.

⑤ Wolf Feuerhahn, «Biographie d'Alexandre Koyré», http://koyre.ehess.fr/index.php?/le-centre-alexandre-koyre/1074 – lire-sa-biographie, 最后访问日期：2018 年 8 月 24 日。

仰慕选择到哥廷根大学学习，成为胡塞尔的得意门生。在哥廷根期间，除了哲学课程，他还学习了数学、政治经济学、心理学等课程。1911 年，开始辗转于哥廷根与巴黎之间，在巴黎大学接触到了柏格森哲学、古典经院哲学。第一次世界大战爆发后，科瓦雷毅然参军，先加入法国外籍军团，后来又参加了沙皇俄国的军队，1921 年回到法国。[①]

自战场归来后，科瓦雷在巴黎高等研究实践学院先后完成了硕士论文《笛卡尔关于上帝的理念与对其存在的证明》（1922 年），博士论文《圣安塞尔姆哲学中的上帝的理念》（1923 年），国家博士论文《雅各布·波墨的哲学》（1929 年），并获得了蒙彼利埃大学讲师的教职。不过他只在这个岗位上执教一年，就接替埃蒂安·吉尔松（Etienne Gilson）成了巴黎高等研究实践学院第五部研究员。[②] 1920 年代中期以后，科瓦雷崭露头角，他于 1925 年得到法兰西道德与政治科学院的迪塞·德·珀南吕姆（Prix le Dissez de Penanrum）奖。1926 年、1929 年，科瓦雷两次获得科学哲学的盖格内奖（Prix Gegner）。1930 年，他开始陆续翻译和出版了胡塞尔《逻辑研究》第二卷与《笛卡尔式的沉思》法语版。1932 年科瓦雷被选为法国科学院通讯院士。他的代表作《伽利略研究》于 1939 年问世。

在研究工作之外，科瓦雷还表现出非凡的组织能力。早在学生时代，他就在"哥廷根哲学协会"中表现活跃。在哥廷根的第一学期期末，他已经进入现象学的圈子，并且是学生圈子中最杰出的人物之一。[③] 1929 年，他负责第五届科学与宗教大会的组织工作。1922～1931 年，他以临时兼职教师身份在巴黎高等研究实践学院第五部即宗教学部教授"德国

---

① 关于科瓦雷在俄国的这段岁月，尤其是他对十月革命的态度，各方意见不一。有人认为他参加了二月革命，但反对十月革命。有人认为他是反列宁主义的社会主义者。赞贝利（Zambelli）教授在考证了俄国档案和法国国防部档案后认为，要重建科瓦雷这段时间的活动是有困难的。但无论如何，科瓦雷 1921 年返回法国后就申请加入法国国籍。1921 年 11 月他提交了入籍申请材料，警察局在针对这份材料的报告中写道，科瓦雷被怀疑在俄国期间直接或间接地混入了布尔什维克组织。然而他却声称加入了反布尔什维克组织，并在被判死刑后被迫离开了祖国。Alexandre Koyré, *De la Mystique à la Science, Cours, Conférences et Documents, 1922–1962*（Paris：Editions EHESS, 2016）, p. 42.

② 埃蒂安·吉尔松（1884～1978），法国中世纪哲学史家，法兰西公学院院士。

③ 范莉：《亚历山大·柯瓦雷的科学编史学思想研究》，科学出版社，2017，第 19 页。

思辨神秘主义"课程，1931 年 12 月起作为学院正式教授继续开设研讨班，① 吸引了一批外国流亡青年知识精英，尤其是俄国青年哲学家，还有一些对德国、俄国思想感兴趣的法国青年哲学研究者。

传统上，在法国成为一名哲学从业者的典型途径是毕业于巴黎高师（从柏格森、布伦茨威格到后来的萨特、阿隆、梅洛–庞蒂都是如此），通过哲学教师资格会考（agrégation）。而巴黎高师、索邦大学等高等教育机构不但在教学内容上奉新康德主义为圭臬，在教学上亦偏向保守。巴黎高等研究实践学院的独特之处在于，它创立（1868 年成立）的初衷就是效仿德国进行大学教育改革，尤其是开设各种专业的研讨班以传播技术知识，在教师与学生之间建立一种导师与门徒的关系。巴黎高等研究实践学院的教师们在教学内容的选择上也更为开放和国际化，尤其表现在对德国思想的关注与引介上。② 研究院的学生必须掌握德语，学院入学无年龄限制，这就为那些学术的业余爱好者、较晚才决定致力于学术研究的人以及像科耶夫、韦伊这样需要获得法国高等教育文凭的流亡学者们提供了机会。③

科瓦雷与科耶夫的相遇颇具戏剧色彩。1926 年底，科耶夫从德国来到巴黎，不久后与塞西尔结婚，塞西尔原是科瓦雷的弟媳。据说科瓦雷被派去看了这位抢走他弟弟妻子的年轻人之后，竟然表示科耶夫比他的弟弟好很多，塞西尔完全有理由选择他，从此开始了两人的友谊。④ 科瓦雷带科耶夫走进了巴黎高等研究实践学院，后者在那里学习数学、物理、宗教、哲学等课程。由表 1–1 可见，自 1927～1928 学年起一直到 1930 年

---

①   Alexandre Koyré, *De la Mystique à la Science*, *Cours*, *Conférences et Documents*, *1922 – 1962*, pp. 43 – 44.

②   也有说法认为，萨特第一年哲学会考没有通过跟其第一年到处听课有关，其中就包括在巴黎高等研究实践学院听课。值得注意的是，巴黎高等研究实践学院的第六部，在布罗代尔当主任的时候，进行了大刀阔斧的改革，最终从巴黎高等研究实践学院分离出来，成为现在的巴黎高等社会科学院（EHESS）。现在的巴黎高等社会科学院以更为开放的氛围，更加国际化的团队而享誉世界。

③   Alexandre Koyré, *De la Mystique à la Science*, *Cours*, *Conférences et Documents*, *1922 – 1962*, pp. 49 – 59.

④   D. 奥弗莱：《亚历山大·科耶夫：哲学、国家与历史的终结》，张尧均译，商务印书馆，2013，第 161 页。

代末，科耶夫几乎旁听了科瓦雷的所有课程。1933~1934 学年，科瓦雷
被派往埃及开罗大学讲学，他请科耶夫接替他继续讲授"黑格尔宗教哲
学"，这才有了后来著名的黑格尔导读讲座。

表 1-1　1921~1940 年科瓦雷开课情况

学年	课程名	修读与旁听人
1921~1922	德国思辨神秘主义［波墨与巴德尔（Baader）］	Hering, Tramblay, Detrédos, Pouritz, Mme Koyré, Federmeyer
1923~1924	德国思辨神秘主义［舍夫勒（Scheffler）、吉希特尔（Gichtel）、厄廷格（Oetinger）、巴德尔］	Hering, Vernes, Detrédos, Giraud, Grémillon-Jossier, Mme Koyré
1924~1925	德国思辨神秘主义（谢林、施莱尔马赫）	Zamfiresco, Grémillon-Jossier, Guéniat, Mme Koyré, Abramoff, Adler*, Bernheim, Demarquette, Blandy
1925~1926	德国思辨神秘主义（费希特）	Adler*, Corbin-Petithenry, Mme Koyré, Vernes, Meyer, Bordessoule, Von Welch
1926~1927	德国思辨神秘主义（黑格尔宗教哲学）	Faller, Vernes, Prodanovitch, Salatko
1927~1928	1. 夸美纽斯（J. A. Comenius） 2. 格雷瓜尔·斯科沃罗达（Grégoire Skovoroda）	Adler*, Kojevnikoff, Boulatovitch, Schontak
1928~1929	1. 胡斯派运动［康拉德·冯·瓦尔德豪森（Conrad von Waldhausen）、米利奇（Milíč）、希基特尼（Stitny）］ 2. 俄国教派	Kojevnikoff, Schontak, Patocka, Varsick
1929~1930	1. 胡斯派运动 2. 哥白尼研究	Kojevnikoff, Kupa
1931~1932	1. 16 世纪科学与宗教的关系 2. 尼古拉斯·克雷布斯（Nicolas Krebs）研究	Corbin-Petithenry, Adler*, Kojevnikoff, Kupa, Namer, Bataille*, Kogan
1932~1933	1. 尼古拉斯·克雷布斯研究 2. 黑格尔宗教哲学	Corbin-Petithenry, Adler*, Bataille*, Kojevnikoff, Kupa, Kaznakoff, Bessmertny, Dalsace, Kaan, Madkous, Paulus, Bernheim, Ventura, Bonniot
1933~1934	1. 伽利略研究 2. 加尔文研究	Corbin*, Adler*, Gordin*, Gottelieb*, Queneau*, Ralli*, Spire*, Carlo*, Lattes*, Ostermann*

续表

学年	课程名	修读与旁听人
1934～1935	1. 伽利略与现代科学的形成 2. 加尔文研究	Corbin*, Adler*, Georges Gurvitch*, Ivaniki, Metzger
1935～1936	1. 伽利略研究 2.17 世纪的宗教批判	Kojevnikoff, Adler*, Gordin*, Gurwitch, Stephanopoli*, Orcibal, Weil*, Polinow, Brugmann, Jouet, Giret, Bessmertny, Metzger, Jarr, G. Freund
1936～1937	1. 科学的变革 2. 伽利略科学中实在的数学化 3. 物质世界的自治与无限性	
1937～1938	1.17 世纪下半叶哲学的发展 2. 斯宾诺莎研究的方法论导论	Kojevnikoff, H. Metzger, Adler*, Mosseri, Bessmertny, De Santillana
1938～1939	1. 斯宾诺莎宗教学批判 2. 维科研究	
1939～1940 因战争原因并未开课	1. 斯宾诺莎宗教学 2. 数学与神学：形式强度问题	

注：表中带 * 者为同时听过科耶夫与科瓦雷课的听众。

资料来源：Alexandre Koyré, *De la mystique à la science*, *cours*, *conférences et documents*, *1922 – 1962*, pp. 61 – 103。

表 1－2   1933～1940 年科耶夫开课情况

学年	课程名	修读与旁听人
1933～1934	黑格尔宗教哲学（以《精神现象学》为中心）	Corbin*, Adler*, Gordin*, Gottelieb*, Queneau*, Raili*, Spire*, Carlos*, Lattès*, Ostermann*
1934～1935	黑格尔宗教哲学（以《精神现象学》为中心）	Corbin*, Adler*, Queneau*, Fessard, Bataille*, Lacan, Poplavski, Stern, Weil*, Tatarinoff
1935～1936	黑格尔宗教哲学（以《精神现象学》为中心）	Adler*, Fessard, Queneau*, Bataille*, Gordin*, Lacan, Stern, Weil*
1936～1937	17 世纪宗教批判：皮埃尔·拜尔（Pierre Bayle）	Adler*, Weil*, Martin, Takuzo
	黑格尔宗教哲学（以《精神现象学》为中心）	Corbin*, Adler*, Fessard, Queneau*, Weil*, Gordin*, Lacan, Polin, Stéphanopoli*, Terraux, Gastembes

续表

学年	课程名	修读与旁听人
1937～1938	黑格尔宗教哲学（以《精神现象学》为中心）	
1938～1939	黑格尔宗教哲学（以《精神现象学》为中心）	
1939～1940（出现在前一年的预告中但实际未举办）	黑格尔宗教哲学（以《精神现象学》为中心）	

注：表中带＊者为同时听过科耶夫与科瓦雷课的听众。

资料来源：*École pratique des hautes études*，*Section des sciences religieuses. Annuaire 1932 - 1940*，Paris：École pratique des hautes études，1931 - 1939。

  我们对科瓦雷与科耶夫课程的学生情况做一分析，首先，在科瓦雷与科耶夫的课上俄国学生的比例较高。[①] 其次，科耶夫与巴塔耶都曾经是科瓦雷课上的听众，后来巴塔耶成了科耶夫讲座上的常客，二人维系了终生的友谊。正是在巴塔耶的介绍下，拉康、奎诺与梅洛－庞蒂走进了科耶夫的课堂。[②] 科耶夫与韦伊也是经科瓦雷介绍认识。两家人住得很近，经常一起用晚餐，两人经常日以继夜地讨论。据说《黑格尔导读》就诞生于韦伊的家中。[③] 雷蒙·阿隆称科瓦雷、韦伊、科耶夫为"三才子"。

  科瓦雷对年轻学者提携有加。在他去外国授课期间，除科耶夫外，还邀请过他的学生梅茨格·布鲁尔（Metzger Bruhl）与亨利·科尔班（Henri Corbin）为他代课，这对正处起步阶段的年轻学者来说，既可以补贴他们的收入，又可以给他们进行教学实践的机会。

  在巴黎高等研究实践学院第五部的教学活动之外，科瓦雷还创办了《哲学研究》杂志（1931～1937），杂志的撰稿人包括加布里埃尔·马塞

[①] 整个巴黎高等研究实践学院第五部的俄裔学生比例都很高。参考 *École pratique des hautes études*，*Section des Sciences religieuses. Annuaire 1927 - 1940*（Paris：École pratique des hautes études，1926 - 1939）。

[②] 虽然梅洛－庞蒂并未出现在学生名单上。

[③] Marco Filoni，«Alexandre Kojeve et Eric Weil，Chemins Croisés»，https：//www.academia. edu/10708711/Alexandre_Kojeve_et_Eric_Weil._Chemins_croises，最后访问日期：2018 年 8 月 24 日。

尔（Gabriel Marcel）、海德格尔、欧仁·闵科夫斯基（Eugène Minkowski）、科耶夫、克劳德·谢瓦莱（Claude Chevalley）、亨利·古耶（Henri Gouhier）、乔治·杜梅齐尔（Georges Dumézil）、罗歇·凯卢瓦（Roger Caillois）、贝尔纳·格罗修森（Bernard Groethuysen）、汉斯·赖欣巴哈（Hans Reichenbach）、亨利·列维-布吕尔（Henri Lévy-Bruhl）、阿尔贝·劳特曼（Albert Lautmann）、阿隆、萨特、巴塔耶、列维纳斯、让·瓦尔、加斯东·巴什拉（Gaston Bachelard）等人。[1] 其中闵科夫斯基、科耶夫、列维纳斯等均为外国流亡者。阿隆、萨特、马塞尔等法国学者在不同程度上受到德国哲学尤其是存在主义思想的影响。而除海德格尔外，他们大部分人在 1930 年代还是刚从学校毕业，或在外省执教的学术新生力量。一股以科瓦雷为核心的学界力量[2]，以它的年轻、活力、精英化与国际化，踌躇满志地对法国主流思想界发起新的挑战。

科学危机与思想变革

20 世纪上半叶，相对论与量子力学的兴起极大冲击着人们对世界的已有认知。1905 年，爱因斯坦提出相对论理论。1927 年哥本哈根学派物理学家海森堡提出不确定性原理。一些物理学家和哲学家认为，量子力学摈弃因果性或将导致一种新型的因果性——概率因果性。相对论与量子力学挑战的正是 17 世纪科学革命所建立的科学知识体系（数学、经典物理学等），以此为基础的实证主义哲学、理性主义哲学该如何回应这一科学危机？

法国主流哲学界以布伦茨威格与朗之万（Paul Langevin）为代表，对量子力学理论采取拒绝的态度。他们认为反决定论的宇宙是一个马上就会被纠偏的错误。而在德国，在海德格尔看来，存在的基本形式不是一种主体或客体的方式，而是一种在世的统一形式，此在以在世的展开状态领会存在

---

[1]　Alexandre Koyré, *De la Mystique à la Science*, *Cours*, *Conférences et Documents*, *1922 – 1962*, p. 75. 其中，科耶夫在《哲学研究》上发表的书评达 12 篇，主要内容涉及汉学、现象学、德国哲学等领域。

[2]　该群体中大部分法国青年学者都毕业于巴黎高师哲学系。外国流亡学者亦均有在德国等国著名大学学习的经历。

本身是否有一个世界，至于它的存在是不是能被证明的问题，并无意义。胡塞尔在他生前出版的最后一本著作《欧洲科学危机和超验现象学》中专门回应了欧洲科学危机对哲学的挑战，他批判了实证主义的科学观，也反对存在主义与非理性主义的哲学思潮，主张建立一种全新的现象学作为解决方法。相较于相对封闭的法国学界，德国思想界对科学危机做出了更为积极的回应。而科瓦雷等俄国流亡思想家则促成了法国对德国哲学思想的借鉴与接受。

　　科瓦雷在 1912 年发表的《论胡塞尔的数》中，论述了胡塞尔与其他法国数学家的争论。[①] 然而科瓦雷研习数学的目的仍是研究哲学。从 1930 年代开始，科瓦雷主要拓展了两个研究方向，一是宗教思想史，一为科学史。他的主要贡献在于第一次把科学革命作为一个思想史现象来分析。科瓦雷通过对 17 世纪科学革命的考察揭示了天文学史和力学史并不仅仅由各种“科学的”事实构成。各种宗教观念和本体论观念、各种宇宙论观念和数学思想都显现在这些历史之中。其次，科学与非科学、科学与形而上学的区分不可能逻辑地或先天地建立起来。尽管对我们来说，或者对我们的哲学来说，各种科学证据似乎是“理性的”或“实证的”，但实际上，从历史的角度来看，这些证据都来源于我们所持有的不同的哲学动机或宗教动机。再次，所有科学都依赖于某种形而上学。[②]

　　科耶夫在海德堡时期除哲学之外，选修最多的是东方语言与哲学课程。但是从他到巴黎之后留下的上课笔记来看，除了继续学习汉学和西藏学的内容，他还上了费米（Enrico Fermi）的“与量子力学相关的主要问题”（1928）、P. 朗之万的“不确定原则”（1930）、德·布罗意（Louis de Broglie）的“现代物理中的连续性和非连续性”（1930）等课程。[③] 1933 年，他在索邦大学提交的博士论文选题为《古典物理学与现代物理

---

① 范莉：《亚历山大·柯瓦雷的科学编史学思想研究》，第 19～20 页。

② 雷东迪：《从科学史到科学思想史：科瓦雷的斗争》，刘胜利译，《科学文化评论》2010 年第 6 期，第 58～80 页。

③ A. Kojève, Notes de Cours de Granet sur taoisme, 1927; Notes de Cours de Langevin sur le principe d'indétermination, collège de france, salle 9, 1930; Notes de Cours de Louis de Broglie sur Continu et discontinu en physique moderne; Notes de Cours de Enrico Fermi sur Mécanique quantique, questions principales relativent à l'interprétation de la mécanique quantique; NAF 28320, Fonds A. Kojève, BNF.

学中的确定性思想》。科耶夫在这篇长文中指出，促使物理学从经典物理学转变为现代物理学的不是爱因斯坦的相对论，而是普朗克关于量子运动的假设。这一假设的结果是：一些普遍性的假设和经典物理学因果性实验的可验证性变得不可行了。科耶夫认为，量子力学在"实在"这个概念中引入了一个在观察者和被观察者之间不可化约的二元性。实验的精确性显然是绝对有限的。现代物理学排除了现代物理世界的所有绝对客观的确定性，排除了经典物理学所描绘的独立于有限主体的所有因果确定性。量子力学的出现将物理世界的建构从确定性转化为一个统计学的实在。科耶夫得出，观察者和被观察者的体系的互动至关重要，因为它重塑了主客体关系的哲学构想。如果确定的世界是认识论的而非本体论的，那么存在本身也不是确定的。① 至此，我们看到，科耶夫对科学革命的关注，也是他青少年时期对"非实存"概念的思考之延伸。② 如果说科耶夫对非实存的思考更多地获益于东方的宗教尤其是佛教哲学，他这篇物理学的论文则更多受益于由科学革命引发的对哲学的重新思考，受益于科瓦雷与海德格尔。《古典物理学与现代物理学中的确定性思想》将科学与现象学联系在一起，量子力学为他提供了动力（因而削弱了其早年接受的新康德主义教育），而现象学为他提供了语言体系。

　　瓦尔在对科学危机的回应中利用了源自物理学的结论，他欣赏科学上这种对有限性的承认，从而呼吁一种新的哲学现实主义，一种对知识进行现象学处理的合法性，以揭示出主观知识的限度（延伸到意识）。阿隆的博士论文《历史哲学导论》将现象学的方法运用于发现历史的主体，从历史理解的有限性与历史因果性的有限性两方面对历史客观性的有限性进行了论证。1930 年，乔治·古尔维奇出版的《当代德国哲学的思潮》为法国第一本研究胡塞尔与海德格尔哲学的著作。阿隆·古尔维奇则在战后陆续出版了《现象学与心理学研究》（1966）、《现象学与科学理论》（1974）等著作。

　　还可以看到，法国的现象学运动与对科学危机的反思结合在一起。在科瓦雷、科耶夫、瓦尔看来，量子力学能够在哲学与物理之间寻求一种妥

---

① A. Kojève, *L'Idée du déterminisme dans la physique classique et dans la physique moderne* (Paris：Librairie Générale Française, 1990), pp. 13 – 16.

② D. 奥弗莱：《亚历山大·科耶夫：哲学、国家与历史的终结》，第 90 ~ 100 页。

协，而现象学则与量子力学互为补充。

科瓦雷是胡塞尔最得意的学生之一，他不但参加了胡塞尔作品的法语翻译与引进工作，还促成了胡塞尔在 1928 年的法国学术之旅。这是第一次世界大战后法兰西公学首次接受一位德国学者来访。① 科瓦雷的《哲学研究》杂志成为现象学传播的前沿阵地。巴黎成为现象学思潮的轴心。② 1929 年，《存在与时间》刚出版不久，科瓦雷邀请海德格尔访法未果。二战后当海德格尔最终来到法国时，身为犹太人的科瓦雷决定不出席海德格尔的讲座。然而这期间，他通过与他的学生、身居德国的科尔班的通信保持着对海德格尔的关注。③ 直到 1946 年，科瓦雷写信给理查德·麦基翁（Richard McKeon）时说道："每个人——年轻一代——都是存在主义者。每个人都在谈论与书写海德格尔。"④

第三节　竞争优胜者

20 世纪二三十年代开始在法国学界崭露头角的那代学人中，除科瓦雷、科耶夫外，瓦尔、伊波利特、埃瑞克·韦伊三人均以黑格尔研究闻名后世。其中瓦尔在 1929 年就出版了《黑格尔哲学中的苦恼意识》一书，"为黑格尔进入法国吹响了号角"。⑤ 他后来曾任索邦大学教授、法国哲学协会主席。伊波利特从 1930 年代末开始翻译《精神现象学》，终于在战后出版了第一部完整的《精神现象学》法译本，并因此跻身法国哲学界。该书至今仍是《精神现象学》的最佳法译本之一。⑥ 二战后，伊波利特出

---

① 范莉：《亚历山大·柯瓦雷的科学编史学思想研究》，第 23 页。

② L. Pinto, «（Re）traductions. Phénoménologie et 'philosophie allemande' dans les années 1930», *Actes de la recherche en sciences sociales* 155（2002）：21 – 33.

③ Alexandre Koyré, "Present Trends of French Philosophical Thought：Introduction by Paola Zambelli," *Journal of the History of Ideas* 59（1998）：521 – 548.

④ Alexandre Koyré, "Present Trends of French Philosophical Thought：Introduction by Paola Zambelli," *Journal of the History of Ideas* 59（1998）：525.

⑤ 崔唯航：《穿透"我思"——对科耶夫欲望理论的存在论研究》，第 24 页。

⑥ 有研究指出，伊波利特的《精神现象学》译本是典范之作。科瓦雷与伊波利特为将黑格尔介绍到法国做出了突出的贡献，见 V. Y. Mudimbe, A. Bohm, "Hegel's Reception in France," *Bulletin de la Société Américaine de Philosophie de Langue Française* 3（1994）：5 – 33。

版了一系列研究黑格尔的著作，包括 1946 年的《〈精神现象学〉的起源与结构》、1948 年的《黑格尔历史哲学导论》、1953 年的《逻辑与存在》、1955 年的《对马克思与黑格尔的研究》等。他历任巴黎大学教授、巴黎高师校长、法兰西公学院士，阿尔都塞、德勒兹、福柯、德里达等人都曾求学于他。伊波利特在法国的黑格尔复兴运动中做出了杰出的贡献。[1] 埃瑞克·韦伊以《黑格尔与国家》获得了索邦大学的博士学位，他 1950 年出版的《哲学的逻辑》一书被科耶夫认为完成了自己未完成的写作计划。[2]

　　科耶夫开设黑格尔导读讲座期间，适逢法国哲学界知识迭代，边缘群体向主流学界发起挑战之时。处于体制边缘的学者们通过举办讨论班、引进外国哲学、创办期刊杂志等方式联合公众市场一起推进知识的生产与传播。在这一背景下，无论是第三共和国学院体制下培养出来的优秀学人瓦尔、伊波利特，还是同为流亡者且同样在德国获得博士学位的埃瑞克·韦伊都未能成为科耶夫黑格尔导读讲座的强有力竞争者。究其原因，除去前两节中所述的思想、制度与社会因素之外，也是哲学家本身的际遇、性格等原因使然。

黑格尔布道者们

　　让·瓦尔于 1888 年出生于马赛，父亲是英语教授。瓦尔在巴黎的德萨伊（Janson de Sailly）中学渡过了中学时光，在著名的路易大帝中学预备班经过一年的准备后，于 1907 年考入巴黎高师。他在 1910 年以第一名的成绩通过哲学会考，当年排在第二的是马塞尔。瓦尔的博士论文题为《英美的多元论哲学》，1925 年被翻译成英文在英国出版。[3] 另一篇博士

①　刘怀玉：《存在主义马克思主义的活水源头——法国黑格尔主义与青年马克思的"再发现"》，《西南大学学报》（社会科学版）2018 年第 2 期，第 5 ~ 14 页。

②　Marco Filoni, «Alexandre Kojeve et Eric Weil, Chemins Croisés», https://www.academia. edu/10708711/Alexandre_ Kojeve_ et_ Eric_ Weil._ Chemins_ croises，最后访问日期：2018 年 8 月 24 日。

③　Jean Wahl, *The Pluralist Philosophies of England and America*, trans. by Fred Rothwell (London: Open Court, 1925).

论文①探讨笛卡尔哲学中的"瞬时"观念。瓦尔在获得博士学位后陆续任教于圣康坦（Saint-Quentin）、图尔等地的中学，以及贝桑松、南希、里昂的大学，最终在 1936 年回到巴黎，成为索邦大学教授。② 瓦尔的哲学家之路符合一位典型的第三共和国哲学家的学术轨迹，即巴黎高师—哲学教师资格会考—外省中学/大学—巴黎大学。瓦尔以其优异的学习成绩证明他显然是这套学院培养体系中的佼佼者。

然而，正是这样一位学院体制培养出来的优秀青年学人，在学习期间就表现出对英美实用主义哲学的浓厚兴趣。彼时也恰逢实用主义哲学在法国发展的高峰时期。罗曼·普达尔（Romain Pudal）统计指出，在1898～1904年，一般每年总有 1/3 的出版物涉及实用主义哲学。1905 年有 9 部，1906 年 8 部，1907 与 1908 年各 20 部，到 1909 年的时候不少于 22 部，1910 年 26 部，1911 年 28 部，1912 年 19 部，1913 年 19 部。及至1920～1940 年期间，这一数据每年都低于 10，甚至低于 5，表明一战后实用主义的热潮已经过去。③ 瓦尔还尤为关注德国哲学的发展动态。他在1927 年就向法国学界推荐海德格尔哲学，1929 年出版了《黑格尔哲学中的苦恼意识》。科瓦雷在总结法国哲学家们对存在主义哲学的巨大兴趣时曾说，他们的兴趣来源于他们对学院哲学的不满。"这种不满在战前就表现出来了。柏格森与布伦茨威格的理想主义与乐观主义，看起来很不充分。瓦尔教授已经批评过这些传统的哲学。"④ 瓦尔热衷与国外前沿的哲学思潮展开对话，但同时，作为传统体制培养出来的哲学从业者，他曾经是柏格森与布伦茨威格的忠实弟子，这就决定了他难以完全摆脱官方哲学的牵绊，罗森就认为瓦尔还是"太传统了"。⑤ 而且在科耶夫"黑格尔导读"课程开始后的几年中，瓦尔一直在外省的中学或大学执教。这也决

① 法国当时的博士分为第三阶段博士与国家博士两类。

② Michel Weberi, «Jean Wahl (1888–1974)», https://www.academia.edu/869324/_ Jean_ Wahl _ 1888_ 1974_ 2008_ ，最后访问日期：2019 年 6 月 30 日。

③ Romain Pudal, «Contribution à l'analyse de la circulation internationale des idées: le "moment 1900" de la philosophie française et la philosophie pragmatisme americaine», Histoire @ Politique 15 (2011): 60–89.

④ Alexandre Koyré, "Present Trends of French Philosophical Thought: Introduction by Paola Zambelli," Journal of the History of Ideas 59 (1998): 534.

⑤ Stanley Rosen, "Kojève's Paris: A Memoir," Parallax 3 (1997): 1–12.

定了这位显然从各方面条件上都要优于科耶夫的"年轻的法国哲学家"
"黑格尔主义的新概念基础的奠基者"① 为何未能在黑格尔主义复兴的过
程中起到决定性的作用。

另一位黑格尔研究者、黑格尔作品的法文译者伊波利特有着与瓦尔几
乎完全类似的学术生涯。伊波利特在 1929 年的哲学会考中获得了第三名
的好成绩，仅次于他巴黎高师的同学萨特与波伏娃。他整个 30 年代都在
中学任教，之后又去斯特拉斯堡大学工作，② 直到 1949 年才获得索邦大
学的教职。而埃瑞克·韦伊的情况与科耶夫近似，他虽然早在 1928 年就
获得了德国哲学博士学位，在流亡到法国后，却因为德国学位得不到承
认，不得不重新攻读法国的学位以获得教职。由此，在整个 1930 年代，
在黑格尔研究与教学方面，巴黎并无人能与科耶夫形成竞争关系。伊波利
特与韦伊甚至都去科耶夫的讨论班上听过课。鉴于巴黎在法国学术思想界
的核心地位，获得了巴黎的认可就是获得了全法国的认可。

来自边缘的挑战

1930 年代，处于法国哲学生产相对边缘地带的群体包括外国学者（含已
入籍的外国学者）与本土的青年学者。外国学者方面，我们在前文中已经讨
论过以科瓦雷为代表的俄国流亡者群体，他们要融入法国学术界的困难是显
而易见的。1930 年，未能取得法国高中毕业文凭与大学哲学教师资格证书的
立陶宛裔移民列维纳斯就被哲学教师资格证书考试委员会主席布伦茨威格告
知："以你的口音，在考试的口试部分，也许我永远不会让你通过。"③

在青年学者方面，我们能在西利奈里所称的 1933 年一代哲学家的回
忆中读到诸多类似的描述。④ 在回忆自己在巴黎高师的学习时，阿隆总结

---

①　Raymon Queneau，«Première Confrontation avec Hegel»，*Critique* Aug-sept（1963）：699.

②　有研究指出，年轻人只有去巴黎才能深入参与政治与学术的探讨。因此他们只要一在巴
黎的大学获得教职，就会离开外省的学校。在斯特拉斯堡大学，这种情况尤为常见。
1925 年，斯特拉斯堡大学的校长开始将他的大学视为索邦大学的候车室。见伊森·克莱
因伯格《存在的一代：海德格尔哲学在法国，1927～1961》，陈颖译，新星出版社，
2010，第 29 页。

③　伊森·克莱因伯格：《存在的一代：海德格尔哲学在法国，1927～1961》，第 118 页。

④　参见 Sirinelli Jean-François，*Génération intellectuelle. Khâgneux et normaliens dans l'entre-deux
guerres*（Paris：Fayard，1988）。

说："我在巴黎高师所受的教育是要将我培养成为一名高中哲学教师而非其他。当我在 1928 年以最高分出色地通过了教师资格考试之后，我立即遭遇了一场内在危机。我消沉地意识到我度过了所有那些日子，却几乎什么都没学到。我有一些夸张，因为关于伟大哲学家的课程并不是毫无内容的。但是尽管如此，我对世界，对社会现实和对现代科学却几乎一无所知。那么这是为了什么？学习哲学是为了什么？什么都不为？抑或是撰写又一篇关于康德的论文？因而我通过某种方式逃跑了。我离开了法国这一中心，我要去寻找一些其他东西。"① 在德国的学习让阿隆发现自己与自己的法国老师们之间存在冲突。上一代人是第三共和国体制的首批受益者与共和价值的坚定捍卫者，然而阿隆这代人是在一战中成长起来的，他们无法接受一个完全理性主义的、进步的哲学体系。这也是为何当阿隆从德国回国后向他的"小伙伴"萨特谈论德国见闻时，后者被完全吸引住的原因。

波伏娃回忆道，1932 年，当阿隆到巴黎的时候，萨特、阿隆与波伏娃一起在蒙巴纳斯大街的煤气灯咖啡馆（Bec de Gaz）度过了一晚。他们点了这家店的特色——杏子鸡尾酒。阿隆指着他的酒杯说："你看，我的朋友，如果你是一个现象学家，你就能谈论这杯鸡尾酒，这就是哲学。"萨特兴奋得脸都白了。这正是他盼望了多年的东西，这才是哲学。阿隆使他相信，这正适合于帮助解决长期困扰他的问题：超越唯心论和实在论的对立，与此同时，确立意识的最高地位并肯定给予我们的世界的在场。在圣米歇尔大街上，萨特买了一本列维纳斯写的关于胡塞尔的书，他如此急迫地想阅读它，他边走边翻阅了这部书，甚至连书页都未裁开……萨特决定认真地研究它，而在阿隆的怂恿下，萨特着手进行了一些必要的准备，以便在次年接替他那在柏林的法兰西研究所工作的"朋友"。② 当然，萨特颠覆了 1933 年的一代人中他的同辈人所走的路线，萨特是在阅读了海德格尔之后才开始接触黑格尔的，他是根据对海德格尔的理解来理解黑格尔的，而不是相反。③

---

① 伊森·克莱因伯格：《存在的一代：海德格尔哲学在法国，1927～1961》，第 118 页。
② 伊森·克莱因伯格：《存在的一代：海德格尔哲学在法国，1927～1961》，第 157 页。
③ 伊森·克莱因伯格：《存在的一代：海德格尔哲学在法国，1927～1961》，第 150 页。

　　需要注意的是，对这些边缘群体而言，法国的学术体制并未形成一个完全否定性的生态环境。保罗·沃格特（W. Paul Vogt）统计了 1880 年到 1939 年之间的 60 份哲学杂志，尤其是在业界具有重要影响力的《哲学》（*Revue Philosophique*）与《道德与形而上学》（*Revue de Métaphysique et de Morale*）两份杂志后得出，在第三共和国最后的 40 年中，有 137 位作者在最重要的哲学期刊上贡献了 2/3 的学术产出。这 137 人中有 15 人是外国人，还有一些是归化的外国人，如埃米尔·梅耶松（Emile Meyerson）与乔治·古尔维奇。可见，法国哲学界对外国学者还是具有一定的开放性。又如在沃格特的研究中，两次世界大战期间，总的作者与发表数降到了战前水平之下，唯一的例外是年轻作者们的发表量在 1930 年代达到了战前的水平，这即表明了法国哲学界的转向。正如萨特等所言，权威作者的数量在下降，处于边缘地位的学者们正准备接班。[1]

　　此外，边缘群体还能通过创办学术期刊的方式发挥自身的影响力。前文提及科瓦雷于 1931 年创办《哲学研究》杂志，后来像布伦茨威格这样的法国主流或权威哲学家亦加入了编委会，他们拥有科瓦雷与科耶夫都没有的某种符号资本，这有助于该杂志得到法国学界的承认。这份期刊也成为两股力量的一种交汇，一股力量是人们所熟悉的传统法国哲学；另一股是对年轻一代哲学家与知识精英形成强烈吸引力的外来哲学，尤其是德国哲学。[2] 科耶夫在这本期刊上发表了许多书评类文章。当然最终使他脱颖而出的还是在巴黎高等研究实践学院的授课经历。

　　在科耶夫接手科瓦雷的工作后，他做的第一件事就是将研讨班的时间由科瓦雷时期的每周三上午 11 点改到每周五晚上 5 点 30，这样便于课程结束后，科耶夫与听众们一起去喝酒用晚餐。研讨班的社交功能被认为同它本身一样具有吸引力。由于有科耶夫、乔治·巴塔耶、雅克·拉康和雷蒙·奎诺组成的核心小组和雷蒙·阿隆、梅洛-庞蒂、埃瑞克·韦伊、安德烈·布勒东、科瓦雷、罗伯特·马若兰这些人以及其他一些临时参加者，对话的水准得到了保证。边缘群体中的外国

①　W. Paul Vogt, "Identifying Scholarly and Intellectual Communities: A Note on French Philosophy, 1900 – 1939," *History and Theory* 21 (1982): 267 – 278.

②　伊森·克莱因伯格：《存在的一代：海德格尔哲学在法国，1927 ~ 1961》，第 115 页。

人（包含已入籍者）与法国学界内、外年轻的法国哲学爱好者们就这样走到了一起。

成功的秘密

科耶夫是一位极具个人魅力的老师。从小浸润于莫斯科上层社会中的科耶夫有着一种贵族式的风度。桑巴特描绘过他在1950年代见到科耶夫的情形——"科耶夫是一位身材魁梧、有点儿发胖的绅士，身穿合体的灰色双排钮衣服，系着领带，明显有别于他周围那些骨瘦如柴、衣衫褴褛的听众。他是一个有产者，而不是一个知识分子。我头脑里闪过一个念头：此人定期在价格昂贵的饭店里用餐，而且尽吃好的东西。"而相形之下，瓦尔"长着白色蓬乱长发"，"埃瑞克·韦伊身材矮小，老成持重，头发剪短成像球一样，还有一双褐色的带稚气眼神的大眼睛"。[1] 科耶夫爱好广泛，在他的手稿中保存有一张他收藏的音乐唱片的目录及他自己的大量摄影胶片。他还掌握多门外语，在东方语言、宗教与哲学思想等方面均有造诣。科耶夫在接到科瓦雷的代课任务之后，只有一个暑期的时间来准备。在其生前最后一部写作计划中，他提到博学带给他的益处："如果不是具备一定的文化的广度（有点百科全书的特点）和对哲学史的经典有一深度的把握（包括印度和中国），我恐怕不能像现在这样受益于科瓦雷。"[2] 科耶夫的个人魅力甚至被认为是导致他后来与科瓦雷交恶的主要原因，因为这使后者感受到了无法与之竞争的敌对性。[3]

科耶夫说话的方式也很特别。奥弗莱曾经描述过科耶夫的口音与说话方式，说他说一口流利的法语和德语，但他的音质与众不同，半是斯拉夫口音，半是勃艮地口音。他用舌尖颤动着发r音，有意地用一种大众的语言，一种极其简单的表达方式，这与概念的严格性与逻辑的支配性形成了对照。他的声音具有爆发力，音调抑扬顿挫。对一位才31岁的外国流亡者而言，面对着课堂上那些甚至比自己年长，且已有所成就的学生，科耶夫展现出谦逊与自信。当他在课堂上评论文本时，他知道如何从中提炼出能量，而同时能保持一种

---

① 尼克劳斯·桑巴特：《巴黎的学习岁月》，第486页。

② A. Kojève, *Le Concept, le Temps et le Discours*, p. 32.

③ Stanley Rosen, "Kojève's Paris: A Memoir," *Parallax* 3 (1997): 1–12.

简洁性。他在论证时，常从日常生活中举例子，化平淡为神奇。在科耶夫的言语中没有离题的东西，他节制而幽默。他的侄女尼娜·库茨涅佐夫（Nina Koustnetzoff）提道，言语是他的绝对灵魂，且他的言语只是用来劝说，而不是取胜，并使每一个人都自由地保留他所思考的东西。在六年中他都使那些听他说话的人感到欢喜，同时他也挑衅他们，不断地把他们置于问题中。① 巴塔耶回忆道，科耶夫对《精神现象学》的解读使他感觉就像是《精神现象学》这本书自身在说话，使他窒息甚至呆若木鸡。②

科耶夫选取的研讨班导读书目为黑格尔的《精神现象学》。此前已经翻译成法语出版的黑格尔著作包括《精神哲学》《自然哲学》《逻辑》《美学》《宗教哲学》等。黑格尔阐述自己哲学观点和方法论原则的第一部纲领性巨著《精神现象学》却迟迟没有法译本。而比该书早翻译过来的《自然哲学》《逻辑》等作品显然更能满足一战之后的法国思想界对反理性主义、人本主义及存在主义的渴望。巴塔耶坦言："我想知道我是谁，让我感到吃惊的是：在这方面，我对这本书（指《精神现象学》——笔者注）的兴趣是其他任何书都不能比拟的，因为这是唯一的一本完全回答了我的问题的书。"③

此外，以主奴斗争辩证法为主线构建人类历史进程也是科耶夫讲座大获成功的重要原因。研讨班学生之一，后来的精神分析大师拉康说，主奴辩证法就是那个"在每一个吃紧之处我用来把握方向"的东西。④ 科耶夫在写给迪克陶的信上说"我的课程主要旨在打到精神上。这就是我为什么有意识地凸显了主奴辩证法的角色，概括了现象学的内容。"⑤ 他自己承认，黑格尔究竟在他的著作中试图说些什么根本不重要。他只是借助黑格尔的文本来展开自己的哲学人类学。⑥ 所以，他一方面借鉴海德格尔，主张用二元论取代黑格尔的一元论。因为自然界可能与人遵循不同的方

①   D. 奥弗莱：《亚历山大·科耶夫：哲学、国家与历史的终结》，第 254～256 页。

②   Stuart Kendall：*Georges Bataille*（London：Reaktion Books Ltd，2007），p. 92.

③   Bataille，Hegel dans le Monde Présent，NAF28086，Fonds Georges Bataille，BNF.

④   彼得·奥斯本：《时间的政治——现代性与先锋》，王志宏译，商务印书馆，2004，第 120 页。

⑤   科耶夫：《科耶夫致唐·迪克陶的信》，夏莹译，《学海》2010 年第 6 期，第 90～92 页。

⑥   科耶夫：《科耶夫致唐·迪克陶的信》，夏莹译，《学海》2010 年第 6 期，第 90～92 页。

法。如果自然像人那样变化，那么在时间流逝中，语言就变得不可交流。如果伯里克利时代的人的身体和动物"心理"不同于我们的身体和心理，就像古代城邦的公民不同于我们，那么我们就不能理解、讨论农业与建筑术的希腊著作，不能理解修昔底德的历史，也不能理解柏拉图的哲学。科耶夫使用了一个金戒指的比喻。构成金戒指的金子和洞，两者离了对方都不能存在，但以两种不同的方式存在。所以金和洞代表了两种本体论意义上的存在。金就是自然，洞就是人，指环就是精神。二元论意指人与自然的二元对立，同时还意指个人与社会（黑格尔的客观精神，在此意指精神）的二元对立。这个二元论就将自然与人类世界辩证统一起来，却同时也将辩证法排除出自然领域。另一方面，科耶夫突出了辩证法在人类历史领域的应用，将黑格尔的"自我意识"偷换成"人"，于是黑格尔关于自我意识的讨论都被转换为关于人的存在论研究。与之相关，精神现象学的发展历程也就转变为关于人及其历史的生成过程。

　　最后，科耶夫对黑格尔做了一种马克思主义的解读。1957 年 1 月，科耶夫由施密特推荐赴杜尔塞多夫做一场演讲。在为演讲准备的德文简历中，科耶夫称自己 1930 年代在巴黎高等研究实践学院开设的两门课为"《精神现象学》与马克思主义的根源"及"皮埃尔·拜尔与自由主义的根源"。[①]科耶夫的研讨班上汇集了当时被马克思主义吸引的一批左翼思想精英，他们试图从中找到法国社会的药方与自身行动的准则。基督教共产主义者费萨尔神父与科耶夫就基督教与共产主义的关系问题有过激烈的讨论。[②]巴塔耶在给科耶夫的信中写道："我想知道您对话语必须转化成生活中的行动这个命题如何看待。我尤其感兴趣的是，我们当中许多人都是想重新回到马克思的精神资源去探寻的马克思主义者。这就是为什么我们对您讲的黑格尔特别感兴趣。"[③]这封信表明巴塔耶对黑格尔的兴趣完全来自马克思主义。

　　科耶夫与黑格尔的相遇有太多的偶然与必然。在世界范围内的哲学生

---

① Dusseldorf Correspondance, 16, janvier, 1957, NAF 28320, Fonds A. Kojève, BNF.

② Lettre de Kojève à P. Fessard, 21, juin, 1936, NAF 28320, Fonds A. Kojève, BNF.

③ Kojève, Correspondance avec Bataille, NAF 28320, Fonds A. Kojève, BNF。信上的日期是遗失的，笔者根据作者的地址对照，判断该信大概写于 1935 年前后。

产体系中，1910 年至 1940 年见证了一次大规模的重组。唯心主义、新康德主义受到越来越少的关注，逐渐淡出历史舞台。一些新的流派包括逻辑实证主义、日常语言哲学、现象学与存在主义组成了新的对抗阵营，掀起了一场斗争的新高潮。[1] 在法国，一战后知识界经由马克思主义对黑格尔主义的追根溯源为黑格尔在法国的接受做好了条件准备，现象学、存在主义与量子物理的引入给予这一复兴运动以内在动力。科耶夫在科瓦雷的带领下，以杂志、科研院校为阵地，在知识体系的边缘地带发出自己的声音，最终在巴黎高等研究实践学院——当时法国高等教育机构中最开放、与德国有着特殊联系的平台上，接过了黑格尔研究的课堂。六年中他不仅维系了科瓦雷课上的听众，还凭借自己的个人魅力与对黑格尔《精神现象学》所做的一种存在主义、马克思主义式的解读，成功地将拉康、梅洛－庞蒂、雷蒙·阿隆、费萨尔神父、安德烈·布勒东、巴塔耶等法兰西最优秀的大脑集聚在自己的身旁，成就了一段学术史上的佳话。

　　客观来看，法国 1930 年代的黑格尔布道者中，瓦尔的研究虽然带有明显的克尔凯郭尔式存在主义的印记，但总体而言还是在哲学的范畴之内展开。伊波利特对黑格尔的解读更以其严谨性与忠实于文本而著称。只有科耶夫，在"黑格尔导读"中，他阐述了一种明确的历史终结论与积极的行动哲学。当然他是从理论的而非实践的立场接近政治的，然而他的听众们却有着不同的理论与政治的诉求。面对纳粹的兴起，第三共和国政府的纵容姑息，公众渴望知识分子与思想家们能给予他们行动和思想上的引领，而知识精英们自身更是急切渴求答案。当科耶夫以智者的语气向他们宣布，自己已经和黑格尔一样获得了真理时，他就成了那位最耀眼的黑格尔布道者。[2]

---

①　柯林斯：《哲学的社会学：一种全球的学术变迁理论》下册，第 885 页。

②　Florent Georgesco, «Kojève des deux côtés du rideau de fer», *Le Monde* le 8 aôut (2018).

第二章　历史的终结、国家与知识分子

第一节　历史终结论

在科耶夫知识体系的建构中，历史终结问题是至关重要的一环，是他逻辑推演的起点与终点。没有历史终结论就不会有整个科耶夫的思想体系，因为只有在历史终结时，一种关于自然与人类的整全性知识才得以成为可能。为了揭示存在的话语生成，哲学必须将自己定位于历史的终结处。这一思考令他研讨班上的听众们着迷，启发他们在日后的写作中就此展开丰富的讨论。而1990年代初，日裔美国学者弗朗西斯·福山在《历史的终结与最后的人》中重拾黑格尔与科耶夫的历史终结论，也为我们理解这一问题提供了一个可资参照的视角。

理论的谱系

历史终结论是关于世界历史的一种哲学、政治与历史的思考。这种观点认为，世界历史具有普世性，会遵循一定的规律发展演进，最终达到某一"目的"或"历史的终结"。福山指出，持历史终结论的思想家中，以黑格尔和马克思为代表，认为人类社会的发展是有终点的，会在人类实现一种能够满足它最深切、最根本的愿望的社会形态后不再继续发展。当然，这里所说的历史是大写的"历史"，即把全人类所有过往都纳入解释范围，并将之理解为一个唯一的、连续的、不断进化的过程的历史。①

---

① 弗朗西斯·福山：《历史的终结与最后的人》，陈高华译，广西师范大学出版社，2014，第10页。

　　如果我们把考察的范围稍做拓宽，不难发现，与古典时代的循环史观不同，孔多塞、孔德等人的进步主义的叙述纷纷将其理论的终点指向了一种完善的乌托邦，即历史的终结。再往前追溯，基督教哲学对西方哲学的发展产生了深刻的影响，基督教哲学在世界观和历史观上是一个二元论的叙事，即一个救赎的彼世和罪恶的现世的共存。沃格林的研究表明，中世纪基督教神学家约阿希姆（Joachim of Fiore）通过对三位一体的研究发现了这样一种线性的历史观念。三位一体的本义是圣父道成肉身，化身成耶稣到世界上来拯救人类，耶稣复活后，便又化身成了圣灵，是为圣父、圣子、圣灵三位一体。约阿希姆认为，三位一体不仅是一种纯粹的理论关系，也是一种历史排序。耶稣出生标志着圣父阶段的结束，而我们现在正处在从圣子阶段到圣灵阶段的过渡中。这一历史的排序就完全颠覆了以往基督教的叙事。① 约阿希姆的这一发现与念神学出身的黑格尔历史观念的联系我们不得而知，按照科耶夫对三位一体的解读："对三位一体的辩证实在事物的正确描述是在三个时段中运作的一种辩证语言，正题先于反题，接下来是合题，然后合题表现为一个新的正题。"② 这个合题就是一个终结和新的起点。

　　黑格尔的历史终结论终结于"精神"。在黑格尔看来，人类历史进程就是"精神"的发展进程。按照黑格尔的精神发展逻辑，世界精神发展分三个阶段："第一个阶段就是'精神'汩没于'自然'之中……第二阶段就是它进展到了它的自由意识。但是这种和自然的第一次分离是片面的，不完全的，因为它是从直接的自然的状态里分出来的，因此是和那状态相关的，而且是仍然和自然相牵连着的，在本质上是它的一个相连的因素。第三阶段是从这个仍然是特殊的自由的形式提高到了纯粹的普遍性，提高到了精神本质的自我意识和自我感觉。"③ 相应的，世界历史发展的阶段也对应于精神发展的阶段，从东方到西方分为东方国家（包括中国、印度、波斯、西亚一些古国和埃及）、希腊、罗马和日耳曼世界

---

① 刘小枫：《历史终结了？——从约阿希姆到科耶夫》，《浙江学刊》2002 年第 3 期，第 75 ~ 82 页。

② A. Kojève, *Introduction à la lecture de Hegel*, p. 480.

③ 黑格尔：《历史哲学》，王造时译，三联书店，1956，第 97 页。

（西欧大陆中世纪以来的主要国家，特别是普鲁士王朝），这些国家分别体现了世界历史发展的幼年、青年、成年（壮年）和老年时期。这个过程呈上升发展趋势，从低级到高级，体现了世界精神的自我认识过程。到了日耳曼各国（西欧各国），世界历史进入了老年时期，从此，"精神"在这里固定，不再向前发展了。也就是说，日尔曼世界（特别是黑格尔所在的普鲁士王朝）是历史发展的终点。日尔曼是世界的老年时期，"自然界的'老年时代'是衰弱不振的；但是'精神'的'老年时代'却是完满的成熟和力量……是以'精神'的身分重新回到统一"。① 有趣的是，《历史哲学》作为集中阐述黑格尔历史观念的著作是在他死后由其学生编辑出版的。但是早在1806年的《精神现象学》中，黑格尔就探讨过意识的完善和"精神"的历史进程。在那本书中，在耶拿的炮声中，作者做出了历史终结于拿破仑的结论。显然，在后来拿破仑兵败后，黑格尔不得不就此做出修改，转而认为，世界历史终结于日耳曼世界。

历史的终结及结果

科耶夫的历史终结论直接来源于黑格尔，他在"黑格尔导读"上对黑格尔的历史终结观做了进一步阐释。1959年日本之行后，科耶夫发现了与自己之前的结论相悖的另一种历史终结的可能性，遂对自己的历史终结论进行了修正，将其以注释的形式体现在第二版《黑格尔导读》中。

科耶夫在巴黎高等研究实践学院主讲黑格尔的《精神现象学》，他的历史终结论的主要观点也来源于这本书。正如科耶夫的许多评论者所言，他的"黑格尔导读"并不是一个施特劳斯意义上的忠实于文本的阅读，甚至"几乎不顾对某段文本的理解"。② 在课上，科耶夫将主奴斗争与承认的欲望这一主线着重指出，并以此来解释世界历史的三个阶段。古典时代，是主人的社会，但主人的境遇是一种存在的绝境。因为人不同于动物

---

① 黑格尔：《历史哲学》，第154页。
② 科耶夫等：《科耶夫的新拉丁帝国》，邱立波编译，华夏出版社，2008，第146页。

之处在于，在动物性之外，人有被承认的需要。他们需要得到他们承认的人的承认。在古希腊城邦里，虽然有公民和奴隶之分，然而作为主人的公民并不承认奴隶也是人，后者并不为前者所承认，这就是"精神"汨没于"自然"之中的或者说单纯的、自在的意识存在的阶段，也是主人存在的绝境。罗马以来直至法国大革命前这个阶段是第二个阶段，在这个阶段中，特殊性或曰个体性被发掘出来，无限拔高。在超越的上帝面前，所有人都成为平等的存在，换言之，所有人都成了上帝的奴隶，所以这是一个奴隶的社会。在这两个阶段，意识要么作为单纯的普遍性，要么作为单纯的特殊性而存在，只有在第三阶段，也就是在大革命之后的国家中，奴隶推翻了主人的统治，作为普遍均质国家的公民，人将神投射到自己身上，才达到了普遍性和特殊性的统一，完成了自我意识的实现过程。

　　科耶夫通过解释黑格尔告诉我们，历史在拿破仑时代就已经终结了，拿破仑后的社会消除了一切阶级，主人和奴隶之间为了承认的斗争也不复存在，因为所有的人都能在完全的意义上相互承认，这就是人类历史发展的终点。所以，历史的终结有两层含义：一是强意义上的人的行动的终结，即不再有主奴斗争，人类将迎来一个无差别的无阶级社会，即普遍均质国家；二是将历史作为一个整体来认识的过程结束了，太阳底下再无新鲜事。据此，科耶夫的历史终结论并不能为个别、具体的历史事件所反驳。他认为，黑格尔也知道完善的国家尚未形成，但是并不能据此否定它出现的可能性。这是一个理想状态的东西，需要通过否定性的行动将其转变为真理。① 如果黑格尔与拿破仑只是在西欧实现了历史的终结，那么到了1930 年代，苏联就代表了普遍的历史的终结。科耶夫承认："在我讲课的那

---

① A. Kojève, *Introduction à la lecture de Hegel*, pp. 290 - 291. 事实上，科耶夫在 1946 年还在发表的文章中进一步辩护说："我并不想细数拿破仑倾落后黑格尔在其思想中不得不作的重要修正。诸如他在某个特定时刻认为，可以以奥地利大公来替代他的'拿破仑'，以及他最后假装相信由拿破仑开始的完满且最终的国家为普鲁士公国（然而它既不'普遍'也不追求普遍性）所实现（等事实），这并不重要。重要的乃是，照他的说法，拿破仑消失了，因为他已（事实上）完成了自己的工作，这一工作最终完成了严格意义上的历史（即作为）新的历史'诸世界'之创造力（的历史）。"科耶夫：《黑格尔、马克思和基督教》，李琍等译，刘小枫选编《驯服欲望——施特劳斯笔下的色诺芬撰述》，华夏出版社，2002，第 1 ~ 25 页。

段时间（即，在战争之前），我私底下一直在念的不是'拿破仑'而是'斯大林'，但我同时又在解说《精神现象学》[……斯大林 = '我们这个世界的亚历山大' = '工业化的拿破仑' = 世界（＝国家）帝国]。"①

在这个意义上，无论是美国内战还是俄国革命或中国革命都是法国革命的重演，甚至两次世界大战都是法国革命在欧洲落后大陆的延伸。所有这些革命的目的都是建立一个新的无阶级的社会，以美国社会最为典型。所不同的只是，俄国和中国较其他已建立的无阶级社会而言更贫穷一些。科耶夫当然知道，即便已经有了这样一个无阶级社会的雏形，为了真正达到普遍均质国家的目标，仍然需要将后者作为一个理想去努力实现。因为，后者要消除的不仅是阶级，还有民族国家的边界。而一旦历史终结后，所有的否定的行动都将不复存在，人将得到完全的满足，不再需要通过流血的斗争去争取承认，也可以说人重新回归了人的自然性或动物性，在艺术、爱情、游戏中走完一生。这就是 1959 年前科耶夫的历史终结论。

1959 年的日本之行让科耶夫对此前的结论做了一个较大修正。他之前认为历史将终结于充斥着个人主义、享乐至上、消费至上的美国化社会。然而日本之行中，通过对那些不再冒生命危险，也不再劳动的日本贵族的观察，通过对能乐、茶道和花卉艺术的考察，科耶夫发现了进入后历史时代的一条不同于美国方式的道路，即对高雅文化的追求。对诸如能乐、茶道与花卉艺术等高雅文化的追求，或者一种诸如神风敢死队那般非理性的自杀，与根据社会和政治内容的历史价值进行的生死斗争毫不相干，因为对人的完全承认已经在历史终结后完全实现了，他并不需要再进行这样的否定性行动。对高雅的追求此时仅仅是一种纯粹的追求，这种追求在某种意义上甚至能否定自然性或动物性的要求。科耶夫惊喜地预言道："这也许能使人相信，最近在日本和西方世界之间产生的相互作用最终达到的不是日本人的重新野蛮化，而是西方人（包括俄国人）的日本化。"②

科耶夫得出的这一结论后经福山的阐发显现出丰富的现实含义。日本

①　科耶夫等：《科耶夫的新拉丁帝国》，第 162 页。张尧均：《科耶夫论历史的终结》，《政治思想史》2015 年第 3 期，第 154～170 页。

②　A. Kojève, *Introduction à la lecture de Hegel*, p. 436.

的贵族风尚（Snobbery）① 是去等级化、去历史化的，每个人都可以平等地是贵族风尚的崇尚者。这正是在后历史时期得以使人还能成为人，而非动物的关键所在，即虽然否定性行动不再出现，但人仍然是那个对立于客体的主体，他从内容中脱离出形式，形式的目的不再是改造内容，只是成为与自己相对立的纯形式。② 风格或"生活方式"变成了人性的最后一个理性的避难所。在福山那里，这种贵族风尚将成为优越意识以及人寻求高于同级的地位被承认的欲望的主要表达形式，这涉及历史终结之后，承认的欲望或激情、自尊何处去的问题。

历史终结的主义之争

黑格尔认为历史终结于精神，在黑格尔那里，历史的终结是一个纯粹的哲学问题。马克思主义相信历史将终结于共产主义。对马克思来说，历史的最高目标是人类的自由与解放。因此，历史终结问题在马克思这里从哲学问题转变成了政治问题。③ 福山同样把历史的终点自然化、实证化。1980 年代末，福山提出历史将终结于资本主义的观点。在苏东剧变的背景下，福山的这一历史终结论曾经在世界范围内引发广泛讨论。多年后的今天，随着亚洲奇迹的出现，世界经济危机引发了西方国家的经济衰退，中国在国际舞台上发挥着日益重要的作用。当人们重新审视福山的历史判断时，发现这不仅仅是一场资本主义还是社会主义的"主义"之争，还是一场西方社会内部的普遍主义之争。争论的一方以查尔斯·泰勒为代表，主张不同文化体系的共同发展。另一方以科耶夫与福山为代表，认定人类历史必将终结于一个普遍主义的发展模式。就这两方中的第一方而言，泰勒虽然主张不同文化体系的共同发展，但并不意味着可以放任其自由地发展，他十分警惕一种温和的相对主义。泰勒认为各种文化可以有自己的特殊性，但所有这些特殊性都必须建立在一些基础的底线之上。

---

① Snobbery，又译为势利者、附庸风雅。科耶夫用该词来描述一种在艺术中追求否定性的纯粹形式价值，因此笔者认为该词更宜译为贵族风尚。

② A. Kojève, *Introduction à la lecture de Hegel*, p. 437。

③ 张盾：《"历史的终结"与历史唯物主义的命运》，《中国社会科学》2009 年第 1 期，第 17～31 页。

　　对于坚持普遍主义发展模式的一方来说，他们之间的分歧也是巨大的。福山虽然深受科耶夫的启发，自己也毫不避讳地在他的成名作中引用科耶夫的理论，然而正如许多科耶夫的研究者所指出的那样，福山对科耶夫的理解是片面的，甚至是颠倒的。[1] 对科耶夫而言，历史的终结并非一方战胜了另一方，一种主义战胜了另一种主义，而是一种辩证的综合。这种调和主义的态度早在两次世界大战之间，科耶夫在巴黎高等研究实践学院讲授的关于皮埃尔·拜尔的课程中已有显露。在那一不算长的课程中，科耶夫重新发掘出法国 17 世纪的新教哲学家皮埃尔·拜尔，后者倡导宗教容忍，主张在新教与天主教之间，在理性与信仰之间采取一种调和的态度与中间的立场。在两次世界大战间，调和主义的态度有着强烈的现实指向，正如科耶夫自己在信中向好友施特劳斯坦露的那样，"我选择拜尔是因为对宗教容忍的问题感兴趣。对拜尔来说的新教与天主教的对立，在今天就是法西斯主义与共产主义的对立。我认为拜尔的所做所为和他的中间立场的选择比起今天那些民主派来说要更明智地多"。[2] 不幸的是，科耶夫很快就发现，他试图调节的这两方中的一方——法西斯主义最终灰飞烟灭，而他自己也加入压倒骆驼的最后一根稻草的行列中。[3]

　　根据黑格尔的辩证法，法西斯主义的一些意识形态是否被扬弃地综合进了之后的资本主义或共产主义当中，是个仁者见仁、智者见智的问题。在战后两个阵营的对立中，科耶夫再次秉承了一种调和主义的意识形态。如果非要在资本主义与共产主义之间排序的话，笔者相信科耶夫会选择后者，尽管他自己并不承认。[4] 这种调和主义的依据在于，科耶夫并不认为

---

[1]　见 Shadia B. Drury, *Alexandre Kojeve: The Roots of Postmodern Politics* (Basingstoke: Palgrave Macmillan, 1994)。

[2]　施特劳斯、科耶夫：《论僭政——色诺芬〈希耶罗〉义疏》，何地译，华夏出版社，2006，第 259 页。

[3]　研究表明，科耶夫曾经在二战后期加入抵抗运动。

[4]　科耶夫在 1946 年发表的《黑格尔、马克思和基督教》中曾经对政治局势有过一个评论："近来左派取得了辉煌的胜利，要是从中得出结论说，最终赢的将是右派，那就荒谬了。但是，要说暂时占了上风的解释已最终证明其自身是正确的，那也错了。"（见科耶夫《黑格尔、马克思和基督教》，李琍等译，《驯服欲望——施特劳斯笔下的色诺芬撰述》，第 25 页。）科耶夫朋友的许多回忆文章多次提及，科耶夫表示过自己的亲苏立场，尽管人们永远不知道他是在怎样认真的意义上做这一表示的。

共产主义与资本主义之间有着本质的区别，前已提及，科耶夫认为俄国革命、中国革命都是法国革命的重演，他们都是消除了阶级差别的社会。所不同的仅仅是，俄国与中国是比较穷的无阶级的社会。在杜尔塞多夫的演讲中，科耶夫进一步解释了该观点。他认为，从马克思预言资本主义国家必然发生社会革命的一个世纪以来，社会革命没有大规模地发生并不意味着马克思错了。事实上，是资本主义自身在发生着变化。"资本家为了让'社会革命'不可能发生，或者说，为了让'社会革命'变得不必要，他们所做的事情恰好符合马克思主义理论原本会对他们提出的要求。这样一种对于原始资本主义所做的'马克思主义式的'重构，在相当的程度上是通过匿名的方式完成的。"[1] 例如，福特通过大工业流水线生产的方式最大限度地实现了充分就业，以至科耶夫甚至称福特是"20世纪唯一的、伟大的、真正的马克思主义者"。实际上，现在的西方国家，尤其是从罗斯福新政以来，政府对经济社会的干预明显加强，对社会分配公平的强调及福利国家的建设问题已经成为各国政府不得不面对的重要问题。而"苏俄的资本主义……方面的后果跟19世纪欧洲的资本主义是完全相同的。也就是说，跟马克思的理论是完全一致的。因为，按照马克思主义的理论，剩余价值是由私人来投资还是由国家官僚来投资并没有关系。唯一重要的是，人们所考虑的问题只是这样一种可以形成资本的剩余价值，于是就导致，劳动群众被置于生存的最底线"。[2] 苏联作为国家已经不复存在，俄罗斯也实行了私有化的阵痛式改革，科耶夫大概未能预见他的这一预言今天已在中国部分实现。1980年代末1990年代初，鉴于苏联解体的经验教训，中国加快了经济体制改革的步伐。这一改革的实质是突破原有社会主义的条条框框，进行有中国特色的社会主义的尝试。改革的成果是显著的，进入新世纪后，中国已成为世界第二大经济体，并保持着中高速的经济增长，但同时一些经济与社会问题也凸显出来。正如科耶夫所言，这种国家主导的经济增长模式还需要解决一个再分配的问题，以保障社会的公正公平。

　　长期以来，科耶夫都在不遗余力地试图调和各种主义之间的分歧。他

---

[1]　科耶夫等：《科耶夫的新拉丁帝国》，第191页。
[2]　科耶夫等：《科耶夫的新拉丁帝国》，第192页。

的这种调和主义的背后更深层次的考虑是普遍均质国家的最终实现。如果不打破壁垒，任凭各种特殊主义和意识形态之争愈演愈烈，这无疑是与其历史终结论和普遍均质国家论相违背的。在 1950 年代的资本主义国家中，"赤化"的现象一度被高度警惕，认为它有使本国归顺苏联的危险，因此为了保证本国的独立，必须消除共产主义的影响。为此，科耶夫在一篇给他曾经的学生费萨尔神父的书评《基督教与共产主义》里反驳道："在实际当中与共产主义政治相对立，并且也能够合乎情理地跟共产主义的政治相对立的，并不是一种真正意义上的，排他性的法国的政治（一旦人们想把法国的政治付诸实践，它不合时宜的特征马上就会大白于天下）。对于步苏联后尘的邀请来说，人们在事实上只能拿它与归顺英美的忠告相对立。并且在这两种情形之下，鼓舞人们的并不是爱国主义的动机，而是一种（被公开承认的或者没有被公开承认的）要么是彻底改变，要么是完全保留某种特定的社会和经济秩序的愿望。"① 无疑，科耶夫所希望的既不是彻底改变，即全部苏化，也不是完全保留特定的社会与经济秩序，即资本主义，而是两者的辩证综合。在某种意义上说，不同于福山独白式的普遍主义，科耶夫的普遍主义是一种对话式的普遍主义，因此他更接近查尔斯·泰勒。而与查尔斯·泰勒的不同之处在于，科耶夫的普遍主义又是一种调和的或用他自己的话来说是一种辩证的普遍主义，他希望通过不同文化，不同主义之间的对话来踏上一条最终的普遍主义的发展道路，此时的科耶夫更像一位世界主义者。

当然，人们可以对科耶夫这种调和主义的真正动机提出各种质疑，例如他的切身经历：俄国流亡者、可能的克格勃成员身份、在法国社会即使身居高位仍然被边缘化②等。然而，当我们把他的这种调和主义放入他所谓的后历史时期的普遍均质国家中去考察，当我们回过头去审视他的历史终结论，重新回到科耶夫式的存在主义的黑格尔解释中，根据"存在 = 生成"的等式，历史终结论与其说是一个结论，毋宁说是一种意识形态。"什么是意识形态？它不是一种客观真理，也不是一种错误，而是能通过

---

① 科耶夫等：《科耶夫的新拉丁帝国》，第 142 页。

② 在法国驻苏联大使的任命中，科耶夫被排除在外。

斗争和劳动成为真实的某种东西，因为斗争和劳动能使世界和理想一致。"[①] 所以，历史终结论是一种努力的方向，这样一种生成论的解释举重若轻地规避了诸多对该理论的自洽性方面的质疑。

第二节　科耶夫的国家观

国家的起源

近代以来，占主导地位的关于国家起源的解释来自契约论的传统。这种理论由霍布斯提出，经卢梭发展后达到全盛。学说认为，人们为了保护自己的利益通过契约组成国家，国家的权力源于他的组成者各自出让自己的一部分权利，因此国家权威的合法性来自人民。对此，科耶夫认为，社会契约是一种有条件的权威，它的产生依赖于服从者的约定，没有一种原生性权威会通过契约产生，最多不过是一种权威的转让，而不是一般的契约论者认为的个人权利的出让。[②] 科耶夫指出，社会契约论的民主理论产生于对选举理论的两点错误诠释：第一，契约论未能看到，选举从不产生权威，而只是确认权威；第二，这个理论忘记了选举转移已经存在的权威，而不产生新的权威。[③] 根据第二点可以看出，转让指的是四种原生性的权威（其中的一种或几种、全部）[④] 通过选举转让给某个人或集体。无

---

① A. Kojève, *Introduction à la lecture de Hegel*, p. 117.

② 科耶夫对权威的不可转让性做了以下说明："权威始终是对于他人的，所以不存在自己对自己的权威，那么也就不存在个人出让自己的权威给国家。"见 A. Kojève, *La Notion de l'Autorité*, p. 95. 事实上，根据科耶夫对权威的定义，权威原本就不属于每一个个体，根本不存在每个人出让自己的权威给一个主权体的问题。科耶夫应该明白，社会契约论说的是个人出让各自的权利，而非权威。这里的权利是近代以来逐渐被神圣化的自然权利。显然，不知是有意还是无意，科耶夫避开了从关键的自然权利这个切入点来对社会契约进行批判。在笔者看来，这里，黑格尔要说得更明白些，他认为契约不但不产生新的权威，也不会产生对人的权利，"任何一种权利都只能属于人的，从客观说，根据契约产生的权利并不是对人的权利，而只是对在他外部的某种东西或者他可以转让的某种东西的权利，即始终是对物的权利"。见黑格尔《法哲学原理》，范扬、张企泰译，商务印书馆，1979，第 49 页。

③ A. Kojève, *La Notion de l'Autorité*, p. 97.

④ 即父亲的权威、主人对奴隶的权威、首领的权威与法官的权威。见 A. Kojève, *La Notion de l'Autorité*, pp. 67 – 69.

论这个论证是否得力，科耶夫对契约论中权威合法性的质疑也就顺带将国家起源的契约说一并埋葬了。

契约说是人文主义者用于反抗神权政治和封建主义的最重要的思想资源与理论武器。它的立论基础在于对天赋人权的肯定，也就是自然权利说。历史上，契约论学说与自然权利说在推翻封建神权统治，建立近现代法治国家的过程中发挥了重大作用。然而随着启蒙的深入，对个体理性主义的盲目崇拜，价值虚无主义的危机也渐趋显露出来。价值虚无主义主要来源于个人主义与理性主义对传统和宗教的祛魅，源于觉醒的主体意识的错位。如泰勒所言："启蒙运动见解虽然真切，但却是极其片面的。所以，它反对神圣化，它仅仅把世界看作任由人们审视与利用的一大堆客体；它的确也没有把世界看作显示那理性的派生物。""这就是启蒙运动的价值理论是功利主义的原因。所有的客体都被看作是权宜之计，这样一个维度被取缔了，在那个维度里，事物证明了某个更加高级的事物，它要求人们应对其表示尊敬。"①

可以说，对这样固守着实证化自然权利的功利主义的规避和对一种"更高级事物"的追求正是列奥·施特劳斯写作《自然权利与正义》的根本关切所在。这也决定了他与至交好友科耶夫在对西方现代性的诊断上的惊人相似。只不过就解决方法而言，施特劳斯开出了返回前苏格拉底时期的药方，而科耶夫的处方则模棱两可许多。要为科耶夫关于国家起源论的思考寻找理论出处的话，我们可能要列出一个"黑格尔＋施米特＋海德格尔＋马克思＝科耶夫"的公式。

科耶夫对黑格尔的继承，最显而易见的就是关于国家的非契约性论断。黑格尔在《法哲学原理》中明确说道："所以契约是从人的任性出发，在这一出发点上婚姻与契约相同。但就国家而论，情形却完全不同，因为人生来就已是国家的公民，任何人不得任意脱离国家。生活于国家中，乃为人的理性所规定，纵使国家尚未存在，然而建立国家的理性要求却已存在。入境或出国都要得到国家许可，而不系于个人的任性，所以国家决非建立在契约之上，因为契约是以任性为前提的。如果说国家是本于

---

① 查尔斯·泰勒：《黑格尔》，张国清等译，译林出版社，2002，第616页。

一切人的任性而建立起来的，那是错误的。毋宁说，生存于国家中，对每个人说来是绝对必要的。现代国家的一大进步就在于所有公民都具有同一个目的，即始终以国家为绝对目的，而不得象中世纪那样就国家问题订立私人条款。"①

　　如果说以上是着重于对国家不起源于什么的论述，② 那么通过与施米特、马克思的对比，我们就可以看到这个命题的肯定部分，即国家起源于什么。《科耶夫—施米特通信》的英译者提到，"科耶夫完成于 1943 年的《法权现象学纲要》，很大一部分的理论基础，都来自施米特《政治的概念》当中的一个观点，即，敌友的区别是首要的政治区分"。③ 然而，即便我们可以在科耶夫那里总结出"国家是有着共同的敌人的共同的朋友的团体"，也仍然要在其中辨别出几层意思。

　　第一，施米特的敌友区分不同于霍布斯之处在于，在后者看来，国家的形成是出于对个体自然权利保护的需要，所以国家的目的是保证和平状态和个体的权利。而施米特毕生所在做的都是努力超越这种自然状态，《利维坦》的作者在这个意义上毫无疑问是位"反政治"的典型代表。④

　　第二，科耶夫认为，国家是斗争社会化的产物。

　　第三，同黑格尔一样，在科耶夫的框架中，特殊意志与普遍意志的结合仍然是最终的目的。

　　因此，科耶夫从施米特那里借来了"敌友的划分"，但他的最终目的却是在政治背后寻求个人主义和政治、社会的统一，在这一点上他与施米特拉开了距离。同时，《利维坦》的功利主义的最终诉求也是科耶夫所要强烈批判的，这就决定了他与霍布斯的分歧。在国家是斗争社会化的产物这一意义上，我们不得不回溯到马克思。与施米特不同，科耶夫一生都不愿意轻易表露自己的政治倾向。巴黎沦陷后，他把自己的一叠名为《索菲亚：哲学与现象学》的手稿交给他曾经的学生，时任法国国家图书馆

---

① 黑格尔：《法哲学原理》，第 83 页。
② 科耶夫自己也承认黑格尔并没有说明国家的起源问题。（见科耶夫《黑格尔、马克思和基督教》，李琍等译，《驯服欲望——施特劳斯笔下的色诺芬撰述》，第 14 页。）
③ 科耶夫等：《科耶夫的新拉丁帝国》，第 153 页。
④ David Cumin, « Carl Schmitt, Leo Strauss et le concept du politique », *Klesis, Revue Philosophique* 19（2011）：161.

管理员巴塔耶保管，这叠近千页的手稿均以俄语书写。在已经翻译出来的部分手稿中我们可以清晰地体察到科耶夫对马克思和共产主义的亲近——"显然，在这个我们已经讨论过的历史终结的思想（以马克思而闻名的）中没有任何的理想主义。我们只是简单的假设有一天人性和有着社会和政治生活理想的国家相结合（就像我们都知道的：共产主义体制）。到那时，历史（在习惯的意义上）事实上停止了：不再有战争和革命，或者说，一般来说，国家的政治形式也不会再有变化。历史从现实的世界来到了书的世界"。[①] 尽管科耶夫在国家的起源问题上与马克思有着这样的亲缘关系，但是在同为黑格尔继承者的意义上，马克思继承的关键词是"劳动""异化"，而科耶夫可能通过对海德格尔的存在主义的综合，更多看到"为了承认的斗争"，这也从根本上决定了他的国家观。[②]

为了承认的斗争

在诸多人类历史发展的动力论中，"为了承认的斗争"是极为重要的一种从道德维度进行解释的理论。"为了承认的斗争"又可以进一步分解为两个子命题："承认"与"斗争"。

根据黑格尔，主体间的相互承认是人的自我意识产生的关键。在海德格尔和黑格尔的基础上，科耶夫认为人根本上不同于动物的地方就在于人能够用语言指称"我"。"我"即是被语言揭示了的人的存在，对动物而言，没有"我"，只有外在的、自然的物的存在，只有对物的"外部"意识。纵然沉思也和意识一样，但在沉思里只有物没有"我"，所以笛卡尔不能回答"我"是什么。要实现人性的存在必须有对自我的意识，"人是自我意识"。"我"在对自然的关系中可以体会到自在的意识的存在，然而"我"为何是"我"，而不是任何别人，就只有通过别人的承认后生成的"自为"意识来完成了。可以说，在人的自我意识的产生阶段，主体间的承认是不可或缺的。

---

① Marco Filoni, *Le Philosophe du Dimanche*, p. 256.

② 关于劳动与斗争的内在关联，科耶夫也补充说："黑格尔说道，就像为了承认的斗争一样，劳动也可以使人成为人。劳动预设了斗争的存在。"见 A. Kojève, *Esquisse d'une phénoménologie du droit*, p. 523。

　　为了更好地理解科耶夫的承认理论，我们不妨将之与霍耐特的承认理论进行对照。科耶夫与霍耐特的区别在于，霍耐特止步于主体间的承认，从道德的方面为人类社会发展和进步的动力提供了一种可能的解释，或者说斗争的根本目的也在于达成一种特殊性之间的和解和承认，而不在乎这种特殊性的具体内容是什么。

　　科耶夫则从黑格尔那里多继承了一点"否定性"，为特殊性注入了普遍性的内容。他认为人性与动物性的区别在于，人可以为了那种超越给定物的承认或荣誉放弃生命。为了承认的生死斗争理论的逻辑结果是，人的自我意识一经产生，为了保持其人性的存在，就必须进行不懈的生死斗争。在现代意义上的国家中，朋友之间的承认是互相的，但并不能满足人，因为它排除了个体性。这就是人们为何不满足于停留在支配奴隶的主人阶段，也不满足于主人间的政治友谊，而是继续通过对敌人的斗争寻求真正的承认。① 既然是斗争，就必须冒生命危险，主奴斗争中必须有一方杀了另一方，不可能达到双方的相互承认，其结果就是奴隶全部战胜了主人，并作为主人生活在普遍均质的国家当中。在这一点上，正如黑格尔研究专家路德维希·希普所言，黑格尔本人在更高的阶段上对隶属于这种斗争的相互否定和自我克服的意愿的要素做了抽象理解。但自我否定和他人否定的要素结构性地隶属于自我意识通向自主性和整合到理性国家的共同体中的目标的发展，这一点还是根本性的。②

　　所以在霍耐特看来，斗争是手段，相互承认是目的。而在科耶夫那里，某种意义上，斗争和相互承认都是人性存在的题中之义。因而在国家是社会斗争的产物这个意义上，科耶夫式的国家是去工具性的存在。在对"斗争"一词的使用中，霍耐特是在法理性权威的框架下使用，强调其合法律性，而科耶夫则因为从一开始就反对将法理性权威作为人类社会唯一的权威和权力来源，并且从讲授《精神现象学》时就开始将主奴斗争作为人类历史发展的主要动力和人性延续的根本来看待，这就让人不难理解为什么科耶夫在批评现代国家过于宽厚而失去了政治意味方面与施米特有

　　① A. Kojève, *Esquisse d'une phénoménologie du droit*, p. 263。

　　② 路德维希·希普：《为承认而斗争：从黑格尔到霍耐特》，罗亚玲译，《马克思主义与现实》2010 年第 6 期，第 137 ~ 143 页。

着如此众多的相似之处。

当我们再次引入福山关于历史终结与承认的理论作为参照，便会发现，与将"为了承认的斗争"作为历史发展的主要甚至是唯一动力的科耶夫不同，福山将获得承认的渴望视为推动历史前进并走向终结的动力之一。在福山看来，最终使人类历史走向并终结于自由民主制的原因有两点，首先是科学技术的进步及其带来的经济发展。现代自然科学的展开导致所有正在进行经济现代化建设的国家，必然日益相似。"但是，历史的经济解释并不完备，而且不能令人满意，因为人不仅仅是一种经济动物。尤其是，这种解释无法真正说明为什么我们是民主主义者，即为什么我们信奉人民主权及法治下的基本权利保障的原则……"所以，第二个原因是黑格尔和马克思以"寻求承认的斗争"为基础而对历史所做的非唯物论解释。①

福山非常明确地承认自己在书中所提及的是科耶夫意义上的"为了承认的斗争"。他写道："科耶夫确实吸收了黑格尔学说的某些成分，比如寻求承认的斗争和历史的终结，并且以黑格尔本人可能没有的方式，把它们置于黑格尔学说的中心位置。尽管揭示原本的黑格尔对于我们的'当前论证'的目的而言是一项重要任务，但是，我们感兴趣的并不是黑格尔本身，而是科耶夫所解释的黑格尔，或者可以说是一个名为黑格尔－科耶夫的全新综合的哲学家。"②

在福山看来，黑格尔与科耶夫把历史当作"寻求承认的斗争"来理解，实际上是非常有效且非常有启发性地看待当代世界的方式。他认为，黑格尔（科耶夫）对自由主义的理解比现代自由主义的鼻祖——霍布斯与洛克要高明得多。因为霍布斯与洛克主要关注的是个人的利益，那里的个人既没有公德心，也不善良，更不会为包括他或她自己在内的更大共同体效力。黑格尔提供的则是自由社会的自我理解，它基于人的个性的非自私部分，并且试图把这部分当作现代政治方案的核心加以保护。③ 福山甚至认为，现在除了天主教保守主义者之外，很少欧洲人继续将尊严根植于宗教。人们不像康德一样相信人类尊严能建立在其对自由意志的追求能力

---

① 弗朗西斯·福山：《历史的终结与最后的人》，第 14 页。
② 弗朗西斯·福山：《历史的终结与最后的人》，第 160 页。
③ 弗朗西斯·福山：《历史的终结与最后的人》，第 161 页。

上。人们也不再像霍布斯、洛克和那些美国建国之父一样普遍认为，人类权利源于人类天性。当代的自由主义者罗尔斯甚至认为，权利是用来保护个人选择的，不过这并非康德意义上的道德选择，更多的是经济学家所说的个人偏好或功利性。①

国家、社会与个人

作为黑格尔的信徒，科耶夫承袭了国家和社会的二分法，认为社会作为社会成员与国家之间的屏障存在。如果国家与社会之间达到了某种平衡，那就不再需要平衡国家与这个社会的成员之间的关系了，因为这个平衡的关系在国家的原则里就已经存在。根据科耶夫的理论，国家对社会的介入大致有三种方式。

首先是法律的，主要是刑法的。"社会只不过是它的任何成员的存在和行动，既使说不是当下的或立即的行动。这个行动可以是潜在的，即停留在意愿和意向的阶段上。社会的行动只不过是它的成员的意向性和意愿性的反应。作为整体的社会的行动是它的理想或者领导性的观念。这个理念固定在他的社会状况当中，特别是刑法典。是国家来实现这个理想，通过将社会的意愿或意向转化为行动。"② 例如，在一个社会里有人杀人放火，那么这个人损害的就不仅仅是某个个体或集体的利益，而是伤害了整个社会的利益，挑战了整个社会的道德底线和秩序。此时国家作为利益不相关的第三方来进行仲裁，它所依据的刑法就是该社会已经形成的固有理念与意愿。而依据科耶夫对行动三个要素的分析，对于一个犯罪的行动而言，在某种意义上讲，行动的意愿性（volonté 或 will）和付诸实施性（acte）都是不可以被取消的，所能取消的只有行动的意向性（intention）。所以刑罚的目的就是使行动不再发生，即取消他的意向性。③ 然而，如果这里的罪犯是一个虐待狂或疯子，他的犯罪意愿就不可能被取消，此时国家可能需要寻求法律之外的途径。

---

① 参见福山 2010 年 12 月在复旦大学发表的题为《尊严、平等与正义：规范性与制度性的根源》（"Dignity, Equality and Justice: Normative and Institutional Roots"）的演讲。

② A. Kojève, *Esquisse d'une phénoménologie du droit*, p. 442.

③ A. Kojève, *Esquisse d'une phénoménologie du droit*, p. 431.

其次，作为行政（政府部门）而非司法性的角色来保护社会的利益。一方面，在遇到没有刑事行为能力的个体的情况下，"并不意味着社会除了诉诸法律的刑法以外就没有权利来自卫。且不说问题的道德方面，我们可以说，社会与国家按照他们愿意的方式来行动。国家也能采取预防性的措施，通过抓典型的惩罚，使得罪犯道德得到改善。一个疯子虽然不是法律的主体或者说对他的监禁不是一种司法的惩罚，但并不代表国家没有权利将其杀死或关起来"。① 另一方面，鉴于法律的介入永远是一种事后的——即犯罪行动已经实现了——行动，国家可以通过加强社会教育，提高社会的道德水准，从犯罪发生的社会根源方面来杜绝犯罪的发生。

最后，国家也可以保卫自己的利益，这涉及政治罪。② 如此就不存在司法可言，更多的是政治互动。"公法规定了在何种情况下，公民可以以国家的名义，合法地依据宪法行动；公民也可以作为公民而进行非法的行动，即革命，但这时，这种行动的权利是以它愿意冒生命的危险为保证的……胜利的革命者的政治合法性来源于它在革命中能冒生命的危险。"③ 换言之，公民要么依据宪法行动，要么革命，制定新的宪法，那时，对立的双方就是要求革命的公民和要求维系统治的国家，而双方都要以生命为代价来赢取胜利。科耶夫的国家观内部隐含着这一成者为王、败者为寇的逻辑。如果说现代的民主制在制度化和法律化的基础上保证政治的稳定更迭是史无前例的话，在科耶夫那里，或许这种政治上的温和主义从来不是人性的内在要求。

真正使人成为人的因素还是生死斗争，在这个意义上，社会的存在是以国家的存在为前提的，而国家的存在假定了家庭的存在，④ 因为国家需要公民，而它自己又不产生公民，所以它必须保持一个家庭的社会。国家只能在这个家庭的社会中通过正义的手段（即法律）来保存这个社

---

① A. Kojève, *Esquisse d'une phénoménologie du droit*, p. 467.

② A. Kojève, *Esquisse d'une phénoménologie du droit*, p. 469.

③ A. Kojève, *Esquisse d'une phénoménologie du droit*, p. 470.

④ 家庭的关系最终说来是建立在性的基础上，但那只是一种动物性的。人通过斗争和劳动而人性化，人性化的人和他的伴侣组成了家庭。所以在这个意义上又可以说，家庭假定了国家的存在。A. Kojève, *Esquisse d'une phénoménologie du droit*, p. 486。

会。① 所以，最终社会和国家的关系就是人身上的动物性与人性的辩证统一。

国家与个人的关系其实已经蕴含在国家与社会的关系之中。科耶夫认为个体可以是公民，也可以是非公民，② 相应的就有国家与公民的关系，国家与非公民之间的关系。

科耶夫认为，从定义上来说，国家与公民之间不会有冲突，公民之间也不该有冲突，一个有效的宪法应该规避这些冲突。如果一个公民与另一个公民发生冲突，就是与宪法发生冲突，与国家发生冲突。这个公民的行动就是非法的，就是革命性的。公民与国家之间的关系不是法律性，而是纯粹政治性的。③ 但是在一种情况下宪法能够被质疑，即一个公民以公民的身份行动，他的行动可能会给他的非公民身份带来好处，如果这个好处损害了另一个公民的私人利益，前者的私人行动就是非正义的，但又由于这个行动是符合宪法的，政治上是合法的，所以这一宪法本身是不公正的。因此，宪法本身不存在公正或不公正，但它被应用于个人的时候，就可以判断它的合法性。

在涉及国家与非公民的关系时，国家能够直接与非公民发生冲突，也能够在公民与非公民的冲突中保护公民，从而将这一冲突转变成国家与非公民的冲突。在这两种情况下，冲突就是政治和私人领域的冲突，这两者是不可能妥协的。进一步说，由于公民身上兼有非公民性，当其与非公民发生冲突时，可以是分别以这双重身份与非公民发生联系。比如，A 以公民的身份，即以国家的名义与非公民 B 发生纠纷，在 A 假借国家的名义，实际上却是为了达到其非公民的私人利益的情况下，国家仍然是要保护公民 A 的利益。反之，如果 A 是非公民的个体，要以国家或公民的名义行动，此时真正的国家就要作为第三方以公法进行干涉。国家在政治上总是试图取消私人的因素。政治实体的现实就只是否定私人的实体。一旦家庭或私人社会要反对国家，国家就必须将其消灭，否则就是它自身被消灭，这是死亡的斗争，与法律没有任何关系。

---

① A. Kojève, *Esquisse d'une phénoménologie du droit*, p. 484.
② 科耶夫这里的非公民指的是没有政治权利的个体，比如罪犯及在该国的外国人。
③ A. Kojève, *Esquisse d'une phénoménologie du droit*, p. 396.

当然在一些艺术的领域，假定艺术家可以自娱自乐，根本没有与人交流的需求，个体不需要国家，国家也不需要个体，他们二者之间就可以是没有任何互动，从而也没有政治关系，也没有法律关系，因为法律的关系也是作用于互动的基础上。这种情况是特别罕见的。

所以在国家与个体的关系上，公民和国家之间有内在的一致性，而非公民的选择则是在与国家发生冲突时，或者服从，或者革命。在公民和国家出现不一致的情况下，例如一位公民以公民的身份行动，他的行动可能会给他的非公民身份带来好处，但损害了另一位公民的私人利益，这就表明宪法本身是不合法的。此时公民和国家之间就存在斡旋的空间，即公民可以要求国家修改宪法，"一部好的宪法应该与政治的现实相一致。如果不一致的话，也只能改变宪法来适应国家的政治现实，而不是改变政治现实来符合宪法"。① 一个革命的行动是与宪法相矛盾的，但当国家排除了所有修改宪法的可能性，而这个宪法又表现出不公正性的时候，革命的行动就是司法上中立的，而不是有罪的。一旦革命成功，革命者用新的法律代替他们废弃的那些法律，革命者此时成了公民的统治者。国家自己改变宪法，就不能反对了。②

综上所述，仅就国家与个人关系的实质而言，可以是法（在客观法的意义上），如大多数民主契约论者所依据的那样；可以是伦理，如黑格尔所表示的——伦理的存在才是真正的存在；也可以是政治，如同施米特一直倡导的政治化的社会。如果说黑格尔的伦理是法发展的最高阶段的话，那么科耶夫的选择恰恰是介于法、伦理与政治三者之间。

首先，科耶夫绝不同意法是国家与个人关系的实质这一说法。因为这种"功利主义"的契约论原则一直是科耶夫批评的核心。"正义的理念与承认的满足欲望是紧密相连的。但这与我们所说的功利主义没有任何关系。如果说社会产生于承认的满足，它的最高目标则是满足而非它的成员的幸福。"③

其次，科耶夫在政治的敌友划分和批评现代社会政治上过于宽厚等方

①　A. Kojève, *Esquisse d'une phénoménologie du droit*, p. 395.

②　A. Kojève, *Esquisse d'une phénoménologie du droit*, p. 394.

③　A. Kojève, *Esquisse d'une phénoménologie du droit*, p. 202.

面与施米特一样，站在了"去政治化"的对立面。然而，他绝不是把国家放在个体的对立面，进行非此即彼的选择。因为，在为了承认的欲望而产生的国家中，人不会只想到保存自身，这是人性区别于动物性的根本。黑格尔先是在古典时代发现了个体意识尚未出现时的人与政治的完美结合，科耶夫追随黑格尔，认为在个体意识出现之后，政治的满足与个体的幸福也不是不相容的。"在理想的国家中，社会满足的人个体上也是幸福的。一个健康的社会不会拒绝战争，如果战争对于满足来说是必要的话，这时就必须牺牲幸福。"[1] 而这个理想国度的逻辑终点，在黑格尔看来是精神，在科耶夫看来是普遍均质国家。因为普遍均质国家正是一个司法统一的、去政治化的社会。

最后，在法与政治之间，一方面，科耶夫认为两者相互依存。法律不能离开强力而存在，所以需要国家。现实的法[2]只有在国家中才是现实的，在现代，国家才是唯一自治的社会。他甚至举例，一些法国人在法国成立了一个犯罪集团，在集团内部有自己的法则，有自己的审判者，但是一个被判有罪的人同样可以请求法国警察的庇护。因为他们集团法则的存在是偶然的，原则上，警察应该将之消灭。[3] 国际公法也类似这样的集团法则，故而超国家的国际法仅仅是可能态的，在这个意义上，人们在正义的方面提出不正义战争的概念也是错的。

再如，至少在国家内部不能没有法，因为法是人性内部的需求。科耶夫曾经把法的来源归结为作为正义理念来源的人类学的承认的欲望。无论是规定个体与国家之间关系的公法所秉承的平等原则，还是规定个体之间关系的私法所秉承的等价性原则，法都可以被归结为对于承认的渴望，是人性本身的需求。

另一方面，法律与政治也有冲突，但是这个冲突只会体现在个体与个体的关系之中，而不会体现在个体与国家的关系上。因为法只应用于个体之间。其一，私法只存在于个体与个体之间。其二，就公法而言，在科耶

---

[1] A. Kojève, *Esquisse d'une phénoménologie du droit*, p. 202.

[2] 在此，科耶夫借用了亚里士多德关于潜在性（法语 en puissance，希腊语 dynamei on）与现实性（法语 en acte，希腊语 energeia on）的划分。

[3] A. Kojève, *Esquisse d'une phénoménologie du droit*, p. 131.

夫那里，公民与国家之间也没有法律关系。或者说作为法的制定与执行方，法不能针对国家，人们不能依据某项法律指责国家的不公正。长期以来，在自由主义的批评中，将国家和政府一体化似乎成了常态，而科耶夫这个批评的基础，事实上是把代表国家行动的政府从国家中分离了出来，甚至是把代表政府行动的个人从政府中分离了出来。像我们已经指出的那样，公民与国家的法律冲突最终只可能落实到公民与代表国家行动的公民之间，假如后者真的是以国家之名，行国家之实，而不是以权谋私的话，这两者之间一定是政治关系，因为国家与公民就是一种政治关系。假如后者是欺世盗名，以权谋私，从而伤害了前者的私人利益，这两者之间就是一种法律的冲突，表明该国家宪法对于这两者来说是不公正的，因为它没能很好地规定和保护公民之间的关系。此时公民就可以请求国家修改宪法。当然，革命始终作为一个途径被保留，被赋予合法性，因为一旦诉诸革命的话，就不存在违宪一说，而是新一轮生死斗争的开始。

启蒙的基础是对人文主义的继承和发展，只不过理性主义者从中汲取的是自然权利论与自由主义的营养，而科耶夫从黑格尔那里发现了另一种人文主义，即"为了承认的生死斗争"。这种斗争区别于功利主义，斗争所产生的国家也区别于洛克甚或是霍布斯意义上的国家，因为无论是霍布斯的《利维坦》还是洛克的代议制政府，都将人生命的保存作为首要的存在。而科耶夫恰恰认为人之所以区别于动物，就在于人的本性中，有一种比生命的保存更为重要的冲动，一种对于承认的欲望，而国家就是这种欲望的无数次现实化的产物。"国家的存在是为了追求一些政治目标，它只有在为了达到这些目标的意义上才保证法律的实施。"[1] 科耶夫批评马克思主义者在黑格尔的哲学里只看到了经济与物质的重要性，也许这一批评也能应用于其自身，即科氏对人类社会历史发展的解读因为承认欲望的至尊地位而充满了暴力或现实主义的色彩。黑格尔则要比他的俄国学生温和得多，在论述人的自我意识与主观权利如何实现的时候，他一直在强调要避免一种道德主义的任性妄为。

马克思主义的目标是要消灭国家，在具体的实现过程中，尤其是经过

---

[1]　A. Kojève, *Esquisse d'une phénoménologie du droit*, p. 205.

俄国和中国革命的实践后，这一目标有所改变。两国的经验表明，在相当时间内，国家的存在仍然是必须和必要的，而这一存在的目的恰恰是日后的消亡。在这个意义上，科耶夫显然有着浓烈的共产主义色彩。即使在提出普遍均质国家这一论点一年之后，他马上转向"帝国理论"，认为不能再局限于民族国家的概念，我们也能够认为这一帝国实现的是小范围内的普遍均质化，最终的目的还是指向所谓的普遍均质国家。所以，具有反讽意味的是，科氏暴力主义（或者他的意义上的国家主义）的最终归宿是一个政治完全消解的社会，一个普遍均质的社会。在那个社会里，自然法与实证法重合，法律的实质完全实现，正义完全实现，所有的人类存在都将由正义决定。

第三节　公民知识分子

精神的动物界

众所周知，知识分子（intellectuel）这个词在法国甚至在世界范围内的大规模使用是在 1890 年的德雷福斯事件之后。根据克里斯托夫·夏尔（Christophe Charle）先生的研究，德雷福斯事件后，法语中的知识分子的概念指的是用自己的社会权威来为其政治立场辩护的思想家、学者、自由职业者与记者群体。在其他一些国家里，该词所覆盖的群体可能仅是政治谱系的一极。应该说，在不同文化语境中，intellectuel 这个词展现出全然不同的内涵，其中又以德意志和俄罗斯两国最为特殊。因为在德雷福斯事件之前，德语和俄语中已存在与 intellectuel 类似的表达：Intelligenz 和 Intelligentsia，分别指涉的是学院内或者体制内的知识人和一个有着共同意识形态的特定的社会团体。①

在对黑格尔的解读中，科耶夫将知识分子定义为一些"自在和自为实在的个体性"。"（知识分子的——笔者注）行动不改变任何东西，不针

---

① 参见 Christophe Charle, "Intellectuals, History of the Concept," in *International Encyclopedia of the Social and Behavioral Sciences* (Oxford: Elsevier Science Ltd, 2001), p. 7627。

对任何东西。行动转向自己，表达自己：文学活动。""知识分子是一种有学问的动物；他纯粹表达他的（天赋）本性。"① 在描述的层面，知识分子是一些精神劳动者，包含学校教师、自由职业者、记者、艺术家等等，他们是一些被科耶夫称为"精神动物"的人。知识分子与个体性密切相关，该定义的德国意味十分浓厚。在科耶夫看来，较之于奴隶、教徒，知识分子虽然已经作为理性的人出现在人类历史的发展进程中，但是他们的存在仍然是非社会的。在《黑格尔导论》讨论理性的部分，科耶夫主要区分了两种知识分子：自由民知识分子与精神的动物界的知识分子。

自由民知识分子是一种自我意识已经通过本身实现了的个体的存在。他们体会到自己的存在，同时否认他人的存在，或对他人的存在丝毫不感兴趣。他们与理性的观察的人不同，他们不再满足于对自然界的观察和认知，取而代之进行积极地批判，但是这种批判本身只是用于体会自身的存在。这最典型地体现在科耶夫对"心软的人"的描述中："心软的人：在他身上，有一种对社会的批判；纯口头的批判，但已经是一种行动，因为它是否定……他是比快乐的人更主动，更有意识，或更真实。他想作为孤独的（在世界上唯一的）个人实现自己；但是，他仅仅通过对社会的批判，才以为有一种价值。为了保存他的价值，他实际上想保存他所批判的社会，因为这种批判对他来说是重要的。或者，他设法使他的批判不能实现，或者即使实现了他的批判，他也没有意识到这一点，继续批判新社会。纯口头的批判。他不想行动。"② 进而，自由民知识分子生活在一个乌托邦的理想中，看似群居，实际上却是孤独的。他们述而不"做"，他们的行动仅仅是口头的批判，他们被科耶夫称为自由民知识分子的存在个人主义。实际上，由于自由民知识分子只是体会到自我意识的实现，可以被视作知识分子的前身，他们要经过再一次辩证法的扬弃才进入真正意义上的知识分子的阶段——意识和自我意识的结合，即自在自为的个体性的存在——精神的动物界的知识分子。

---

① A. Kojève, *Introduction à la lecture de Hegel*, p. 90, 译文参见科耶夫：《黑格尔导读》，姜志辉译，译林出版社，2005，略有改动。

② A. Kojève, *Introduction à la lecture de Hegel*, p. 87.

　　对于精神的动物界的知识分子而言，他们生活在社会中，受其他人的创造活动教育，所以他们是自在的。同时，他们表达他们的本性、才能，这些本性与才能内在于他们，他们同时又是自为的。但问题是，他们局限于他们的本性，没有超越自己。他们仅仅对自己身上的东西感兴趣。"知识分子的用处是他的才能。他的行动是他的才能本身。他通过他的才能表现他的才能。"在此意义上，科耶夫说，知识分子留下作品，看似是一种行动，但这种行动不是他在社会现实中和反抗社会现实的行动，而是他的作品的成功。"他想在给定的（自然的和社会的）世界中为自己造就一个处境，获得一种地位，占据一个位置。他绝不可能为真、善、美，为事物本身，为他所说的事业牺牲自己。他使之对立于现实世界的理想世界只不过是一种虚幻。"① 一旦这种虚幻集体化了，则意味着他们的思想必定是普遍有效的，这就是康德的哲学，也成了知识分子的典型特征。

　　这种不采取具体的行动，而是试图在思想上抽象地规定什么是善与恶的知识分子的态度，被科耶夫称作"一种幼稚的道德家和反思的道德家的"态度，近似于后来科耶夫在《论僭政——色诺芬〈希耶罗〉义疏》中指出的哲学家的伊壁鸠鲁式的态度——漠视政治，认为自身能在自己的精神田园中获得全部的满足。"这样的人虽然生活在社会中，却不关心社会：因此，在某种意义上，他的实在存在是抽象的，这就是知识分子的存在。"在历史发展过程中，伊壁鸠鲁式的知识分子以两种形式出现过，一种是异教的伊壁鸠鲁主义，即一种贵族式的知识分子的生活方式，他们很富有，不需要为生活奔波，在自己的花园里进行精神思考，受到政府的庇护。另一种是基督教伊壁鸠鲁主义，或资产阶级的知识分子，他们必须为稻粱谋，这就决定了他们不可能像贵族知识分子一样，在自己的城堡中闭门造车，而必须集合在一个"文字共和国"中。因为要为生活而斗争，所以这里的氛围比起贵族的花园来说，少了些许平静。但本质上，他们与贵族的花园一样对外界的公共事物没有兴趣，这些资产阶级知识分子们试图以不干涉政治来换取政治对他们的和平。②

---

① A. Kojève, *Introduction à la lecture de Hegel*, p. 93.
② A. Kojève, «Tyrannie et Sagesse», in Leo Strauss, *De la Tyrannie*, p. 240.

　　无论是异教的伊壁鸠鲁主义还是基督教的伊壁鸠鲁主义都有其形成的具体历史环境，然而这并不妨碍我们在今天的现实中找到他们的对应物，因为他们关涉的，与其说是历史上出现过的几种知识分子的类型，不如说是知识分子对政治介入的一种典型态度。问题在于，这种丝毫不介入政治纠纷的知识分子，伊壁鸠鲁主义的哲学家，或者说幼稚的道德家和反思的道德家是否可能存在？

　　科耶夫的答案是否定的。首先，哲学家的定义是追求智慧的人，道德家或精神的动物界的知识分子是一些有着自己的理性立法或者说乌托邦理想的人。无论是智慧还是理性立法（两者有时可以等同）都不可能是永恒不变的，他们不可能永远等同自身，也即智慧本身就不是孤立的。因此，将自己孤立在精神的花园或文字共和国里，企图通过自己的天赋才能来接近智慧的行为也是不可能的。应该说，科耶夫这一思考的基础源自这个"存在＝生成"的公式。根据黑格尔，人的存在就是行动，智慧本身也要通过不断的辩证的否定来接近，所以任何想从抽象的思考中建立起智慧体系的行为都是幼稚的。施特劳斯对此有着深刻的洞察。在科耶夫—施特劳斯之争中，[①] 信奉哲学当享有其对政治的独立性的施特劳斯，继承了古典的悲观主义，坚信自然法的最高存在，认为人们只有努力去接近，而不一定能够最终达到。而科耶夫则继承了黑格尔的现代主义，他不认为有一个既定的善的存在，反之用一种生成论的方式取代本质主义的论述，从而认为达到终极目标并非遥不可及。

　　其次，就像人性需要承认的满足一样，作为人的哲学家自身也需要承认，甚至这种对承认的欲望更加强烈。哲学家们不可能可以在自己的精神花园里一劳永逸地耕耘与收获，全然不顾及承认。如果他的思考不能为别

----

　　① 施特劳斯在《论僭政——色诺芬〈希耶罗〉义疏》的"重述"中回应科耶夫对他的评论，将自己对科耶夫的对立总结为古代与现代的对立，他说："古代经典认为，由于人性的软弱或依赖性，普遍的幸福是不可能的，因此他们不曾梦想历史的一个完成，因而也不曾梦想历史意义的一个完成。他们用他们的心灵之眼看到这样一个幸福的社会，一个人性在其中有最高可能的社会，这个社会就是最好的政体。但他们也看到人的力量是多么的有限，他们认为这一最好政体的实现要靠运气。而现代人则不满足于和轻视这一乌托邦，他们试图确保实现最好的社会秩序。为了成功，或宁可说为了使自己相信能够成功，他必须降低人的目标。这样就致力于以普遍的承认来替代道德德性，或者，以从普遍的承认获得的满足来替代幸福。"（施特劳斯、科耶夫：《论僭政——色诺芬〈希耶罗〉义疏》，第 227 页。）

人所承认，仅仅满足于自己认为是对的话，那么他与"疯子"就没有区别。事实上，由于知识分子进行的是精神的劳作，其劳动成果不可能客观化，不可能像一位木工完成一个桌子，一位陶工完成一件陶器一样，从他们的客观作品本身得到价值实现。因而他们更渴望"同行的承认"，即一些志同道合的"隐遁的心灵"，在一个文字共和国或贵族的花园里寻求彼此的承认。这些志同道合的心灵不必然是"少数"的人，而应该是一些为哲学家自己所承认的人，也就是哲学家期望得到的是为他们承认的人的承认。"那么，就一个人寻求承认而言，他应该在自己的能力范围内做一切事来使值得他承认的人尽可能地多。所以，政治家常常有意无意承担起政治教育者的任务（'开明的专制者'或'作为教育者的'僭主）。哲人同常也做同样的事情，他们把他们的一部分时间用来进行哲学教育。"①

综上所述，无论从知识分子区别于一般人的对智慧的追求，还是从知识分子作为人的对承认的欲望来说，知识分子的完全出世都是不可能的。不仅因为智慧与知识不是给定的、孤立的，它需要在行动中去追求和探索，也因为哲学家或者知识分子本身的存在状态也和人的存在状态一样，需要通过承认来获得满足。这种对来自外部的承认的需要就决定了他们要去进行教育，像苏格拉底一样行动，做一个公民知识分子。哲学家必须是教育家，他们应该将自己的教育活动直接地或间接地无限延伸，在这个意义上，他们必然与社会、政治发生联系，从而迟早侵入政治家的地盘。②因而，"大多数哲人，包括最伟大的哲人，放弃了他们的'伊壁鸠鲁式的'隔离，或通过个人的参与，或通过自己的写作而介入了政治活动。柏拉图往叙拉古的旅行，斯宾诺莎与维特的合作，是我们熟悉的直接介入的范例。我们也清楚，几乎所有哲人都发表过有关国家和政府的著作"。③

忠诚的公民还是反思的公民

在科耶夫的定义里，知识分子还不是公民，因为他们不行动，他们躲避经验的社会现实，从而遁入想象的乌托邦中。根据黑格尔，人的最终的

---

① 施特劳斯、科耶夫：《论僭政——色诺芬〈希耶罗〉义疏》，第 176 页。
② A. Kojève，«Tyrannie et Sagesse»，in Leo Strauss，*De la Tyrannie*，p. 258.
③ 施特劳斯、科耶夫：《论僭政——色诺芬〈希耶罗〉义疏》，第 179 页。

完全满足必须是在公民建立的普遍均质国家中，所以知识分子要想获得完全的满足，必须完成从知识分子到公民的过渡。但是这个公民不是忠诚的公民，而应该是反思的公民。

科耶夫关于公民的定义是古典意义上的，他对知识分子的个人主义与忠诚的公民的判断，对应于"法人"与"臣民"的概念。罗马帝国以来，随着个体意识的觉醒，以个体财产为基础的法人的概念或自由民公民的概念取代了古典时期的公民概念。忠诚的公民作为社会的直接中介进行行动，但这个行动是本能的服从，对国家的服从，对法律的无批判的接受。"在他看来，法律是一种不行动，某种几近自然或神性的东西，他现成地接受法律"，[1]却不知道法律是他本身的产物。同样，忠诚的公民不经过斗争就接受暴政，他所存在的社会是一个贵族的社会，这就是从罗马帝国开始到法国大革命以前的社会。

法国大革命标志着一个时代的终结，撰写动物寓言集的知识分子们[2]从思想上准备了这场革命。大革命前，国家的忠诚公民们通过革命行动否定社会，把它改造成新社会，由此他们认识到法律不是给定的，法律是他们自己的行动的结果。于是，黑格尔的公民接受社会，这就是反思公民。古典公民那里只有普遍性，发现了特殊性的苏格拉底不得不迎来死刑的判决。自由民公民身上彰显出特殊性，但是这种特殊性由于普遍性的缺失而走向了绝对的个人主义。所以无论是古典公民还是自由民公民都不是人类社会的最终归宿，最终将这一普遍性和特殊性结合起来的只能是普遍均质国家中的反思的公民。

在此，反思的公民是一个规范的概念。形形色色的精神界的动物与自由民知识分子并非能自动完成向反思的公民的转换。精神界的动物们依然存在，最显著的例子就是大革命后浪漫派的知识分子。"浪漫主义者理解经过大革命得到的自由，劳动和斗争的结果；但是他仅仅接受结果，不接受手段（流血的斗争和所有人的劳动），他不知道这种自由的（前）历

---

① A. Kojève, *Introduction à la lecture de Hegel*, p. 99.

② 科耶夫把启蒙思想家称为撰写动物寓言集的知识分子，但是他同时认为，启蒙运动的语言本质上不同于自由民知识分子和精神的动物界的知识分子的语言，因为尽管它的批判本身是空洞的，但它酝酿实际的革命。

史，他不理解为了得到自由所花费的努力：他想享受由其他人争取到的自由，就像享受他人的劳动产品的快乐的人。"① 浪漫派的知识分子即使有革命的信念，也不行动，他们认为只要表达自己的思想，不践踏他人的信念就够了。浪漫派不再像启蒙知识分子一样躲入理性的意识形态宣传中，他们注重情感的抒发，用语言表达一切，他们直面自己，描述自己的一切。浪漫派知识分子躲进了象牙塔中，他们不行动，因此虽然有革命的信念，却仍然不过是各种知识分子的变体而已，还不是反思的公民。

知识分子究竟如何完成向反思的公民的转变？在科耶夫看来，依据知识分子对智慧的把握能力或者说对政治的驾驭能力，有三种类型的知识分子，分别是已经成为反思的公民的智者，最有可能成为反思的公民的哲学家，和经努力能成为反思的公民的一般知识分子。

智者，或者圣贤，是智慧的拥有者，了解一切，掌握一切。当然在科耶夫或黑格尔的理论体系内部，仅在历史终结后，智者才会出现，人才能达到完全的自我认识，才能回答一切。黑格尔与拿破仑都是智者。前已提及，科耶夫在自身是不是智者这一问题上总是以一种戏谑的态度来代替回答，就像他时而声称自己是共产主义者而让阿隆摸不着头脑一样。② 在罗森的回忆中，科耶夫常常自诩为神，他说话常使用"我，科耶夫……"这样的句型，尽管有一次他也自嘲说他的秘书因此而嘲笑他。③ 科耶夫明白，要使人相信这个世界上有智者的存在并不是一件容易的事情，他坦言："看起来无论是色诺芬还是施特劳斯都不相信有智者的存在。"④ 所以，为了使观点更容易被人接受，他把论证转向了哲学家。

哲学家是最有可能成为反思的公民的人。他与智者的区别在于，如果说智者的任务在于回答问题，那么哲学家的任务就在于提出问题。"哲学家是最终向自己提出一个他自己不能再回答的问题的人"；如果智者是通过他在自己身上意识到的东西得到满足的人，那么哲学家就能意识到他的不满足的状态；如果智者是他自己和其他人的典范，那么可以说，哲学家

①　A. Kojève, *Introduction à la lecture de Hegel*, p. 150.

②　Raymond Barre, «Le Conseiller du Prince», in *Hommage à Alexandre Kojève*, p. 58.

③　Stanley Rosen, «A Memoir», in *Hommage à Alexandre Kojève*, p. 81.

④　A. Kojève, «Tyrannie et Sagesse», in Leo Strauss, *De la Tyrannie*, p. 235.

是一个否定的典范：他揭示他的存在仅仅是为了使人明白不应该做他那样的人。① 尽管哲学家和智者有着如此这般的区别，但科耶夫仍然给予哲学家以最大的"礼遇"，在他看来，较之其他的知识分子，哲学家仍然是最适合涉足政治的，他们可以通过充当统治者顾问的方式成为反思的公民。因为他们最懂得辩证的技艺，可以更好地向人推销他自己的观点，从而驳斥别人的观点；也因为这种辩证的艺术可以使他们不带偏见地去看待现实的事物；进而这种开放的心态使他们更能够接近具体的现实事物。②

一般的知识分子是除智者和哲学家外的所有的知识分子，可以是社会学家、历史学家、记者、艺术家等等。但侧重点最终要落实到知识分子与行动这个层面上，这些一般知识分子的任务就在于填补哲学家与政治之间的理论空白。

应该说，向反思的公民的转变本身并不要求知识分子都要成为行动的工匠或者说政治家。在以知识为志业的基础上，科耶夫认为，知识分子的政治介入就是一个时间的问题。"由于他们不可能把所有的时间同时奉献给哲学和政治，哲人们一般就会寻求一个妥协的办法……他们放弃了直接管理国家的观念，而只是把他们从哲学中抽出的一点时间用于向统治者提出日常的（口头或书面的）建议。"③ 这种建议极有可能不被政治家重视，但是由于这些建议的形成只花费了他们有限的时间，所以他们并不会感到沮丧，因为统治者可能有（也可能没有）很好的理由不采纳他的建议。跟政治家相比，哲学家的建议多有些过于理论化，操作性较少。政治家需要的不是乌托邦，而是实际的建议。这就需要哲学家与实际保持紧密的联系，以提供实际可行的建议。但是他也不能把他的理论下降到直接反映由现实政治事物提出的问题的层次上，因为那并不是一个哲学家应该做的。他可以把他的哲学观念和政治现实之间的理论空场让给各种各样的一般知识分子。这些一般知识分子也在给统治者提出具体建议的过程中，通过不断的否定，来提高自己思考实际问题的水平，从而成为反思的公民。

---

① A. Kojève, *Introduction à la lecture de Hegel*, pp. 280 – 281.

② A. Kojève, «Tyrannie et Sagesse», in Leo Strauss, *De la Tyrannie*, p. 236.

③ 施特劳斯、科耶夫：《论僭政——色诺芬〈希耶罗〉义疏》，第179页。

当然如果哲学家与一般知识分子一直受到重用，他内心中对智慧和德行的良心愧疚又会滋生出来，从而最终放弃这一顾问的职位。所以说，一种与政治若即若离的关系才是成为反思的公民的最佳选择。

知识分子的迷思

科耶夫对知识分子的思考源于黑格尔哲学（主要是《精神现象学》）。联系到后者晚年与普鲁士当局的密切联系，人们很容易将其哲学定性为为普鲁士容克地主阶层保驾护航的钦定哲学。但事实上，黑格尔在完成《精神现象学》时（1807 年），只是一位普通的大学副教授。即使后来他对自己的思想进行了修正，进行了辩证的否定和扬弃，这种修正在他的思想体系内部也是自洽的。因为知识分子对作品的修正，就是对自己作品的超越，由此他也超越了自己。更毋论真理在黑格尔那里原本就不是给定的同一性，对真理的认识也要经历过无数的辩证的否定。

事实上，德国的知识分子向来是一个特殊的群体。在浪漫主义运动狂飙突进的年代，现代意义上的德意志知识分子作为一个群体出现是与德意志民族主义的兴起密切相关的。正如夏尔先生所说，德国知识分子的批判大多局限于个别的团体和个别具体的话题之内，他们鲜少将国家作为一个整体进行批判。主流的学院派知识分子们大多偏离政治生活的中心，作为国家的辩护者，行使一种文化的功能。[①] 这样一种国家主义的传统，让德意志的知识分子们在 19 世纪后期到 20 世纪上半叶相当长的一段时期内处于一种沉默的状态。

如果说科耶夫在德国体会到的是知识界的国家主义和远离政治的氛围，他来到法国的时候正是法国的知识分子运动风起云涌的时候。德雷福斯事件之后，法国意义上的知识分子作为一个群体开始登上历史舞台，他们无论左右，都以一些公共价值为基础，用自己的知识权威来介入政治，

---

① Christophe Charle, "Intellectuals, History of the Concept," in *International Encyclopedia of the Social and Behavioral Sciences*, p. 7629. 根据夏尔先生的统计，在 19 世纪下半叶到 20 世纪初的时期内，法国独立知识分子，如作家、记者、出版商的数量要高过德国。德国学院派知识分子，主要是大学类似机构的教师的数量要高于法国，见 «Intellectuels et fin de siècle en Europe: convergence ou divergence ?», in Paul Aubert, éd., *Crise Espagnole et renouveau idéologique et culturel en Méditerranée fin XIXe-début XXe siècle* (Aix-en-Provence: Presses de l'Université de Provence, 2006), pp. 180 – 181。

同时保持着相对于政治的独立性。葛兰西将知识分子划分为传统型知识分子和有机知识分子。前者是那些把社会看作一个整体，把自身看作社会整体的代言人，他们可以享有共同的知识背景，而政治观念和阶级阵营却截然不同。① 不同的政治归属并不妨碍他们做出同样的价值判断，这就是德雷福斯事件的精神遗产。

然而在第一次世界大战前，原本的知识分子开始了社会化和政党化的进程，"知识分子政党"（parti intellectuel）用政治斗争来为自己争取权力。尤其是在两次世界大战之间，左右两翼的知识分子就此展开激烈的争论。"左派知识分子"竭力想把这个词限制在社会学的范畴内，类似于俄语中的 intelligentsia，用来指称某个特定的享有共同信念的集体。② 同样，伴随着知识分子政治化进程的还有知识分子的市场化。随着市场、权力和知识的相互渗透日益加强，掌握了文化资本的知识分子们出现了依附于某个利益集团的现象，政治化和市场化造就了所谓的有机知识分子，这样的知识分子日益取代传统的知识分子，成为知识界主流，这也是布迪厄所说的"被主宰的主宰者"。③

当然，无论是传统型的知识分子还是有机的知识分子，在科耶夫的意义上，他们中间都有行动与不行动的区别。而且"行动"这个词在这里指的绝非思维的行动或者口头的批判，而是指实际的在社会中的行动。如此，即使在极富批判精神的传统知识分子里也有不行动的，他们就像精神界的动物那样，只在口头上和思想里批判，甚至是站在道德的制高点上对整个社会进行批判，却并不付诸行动。这样的知识分子的态度无疑是不可取的。因为对于科耶夫来说，空谈道德，试图在思想上抽象地规定什么是善和恶毫无意义，真正的道德判断是历史终结后，由世界历史来进行。最后可能罪恶的也会成为好的，因为它是被否定的一部分，没有对它的否定就不会有最后的成功。④ 科耶夫在此看似将黑格尔的世界历史进程中的暴

---

① 参见许纪霖《中国知识分子十论》，复旦大学出版社，2003。

② 参见 Christophe Charle, "Intellectuals, History of the Concept," in *International Encyclopedia of the Social and Behavioral Sciences*, pp. 7627 – 7631。

③ 参见 Pierre Bourdieu, "Fourth Lecture. Universal Corporatism: The Role of Intellectuals in the Modern World," *Poetics Today* 12 (1991): 655 – 669。

④ A. Kojève, *Introduction à la lecture de Hegel*, p. 95.

力部分演绎到了极致。确实，黑格尔在《法哲学原理》中重点阐述的也是伦理而非道德的部分。在他看来，道德只是属于自我意识的体现，而它最终必将被社会的伦理实践辩证地扬弃。既然善与恶不是事先就给定的存在，而是一个正在成为的东西，知识分子就更不可能在一张书桌上充分认识这个世界与真理，他们需要参与到社会的行动当中去，更何况他们作为人本身也同样需要得到承认。

　　同样，对于那些行动的有机知识分子，无论他们是依附于国家体制还是市场体制，在宽泛的意义上，都可以归入科耶夫所谓的忠诚的公民一类。这样的知识分子与权力有着太多密切的联系，如果说传统型的知识分子是通过反对权力而得到权力的话，这些忠诚的公民就是依附权力而得到权力。长久之后，他们就会像科耶夫笔下受到僭主重用的哲学家一样，感到良心上的内疚和不安，从而充满了紧张和困惑。他们反思能力的日益丧失也会阻止他们在智慧的道路上继续前行，人类历史的进步也因此举步维艰。

　　要走出伊壁鸠鲁的花园，做一个不是只会空谈乌托邦，又不唯权力马首是瞻的知识分子，在科耶夫看来唯一的办法只能是做一个反思的公民。首先这是一个公民，公民是一个政治的概念，关于公民如何行动的问题我们在上一节里已经提到过。公民对于国家应该是一种政治的关系。反思的公民对于国家也应该是一种政治的关系，任何想从这个政治社会中抽象出来的想象的存在都是不可能的。公民服从国家，正常的国家也应该保护自己的公民。而反思的公民的特征就在于，他们平时有闲暇进行独立的学术研究与思考，对智慧和真理始终在不停歇地追求，相较那些忠诚的公民而言，更容易发现事物的另一面。所以当他们发现社会或政治的某些问题时，例如宪法使公民的利益受到了损害，反思的公民应该用自己的专业知识对此进行辩证的思考与判断，再得出自己的结论，给予国家建议。一旦国家拒绝这项建议，理由是建议本身不够完善，就需要反思的公民提高自己建言献策的水平，提高自己对社会实际事物的理解与认知能力，以便下次提出更好的建议。如果建议本身足够好，且公民本身也认为既切实又可行，却仍然被国家否决，公民应该选择的是要么根据定义服从国家，要么进行革命。如果革命成功，他就成为新国家的公民，新国家的法律制定者。如若失败，就要被以叛国罪论处。

　　总结起来，其实科耶夫关于知识分子的核心论述都是在围绕知识与行动的关系展开。知识与行动的关系在社会中展开必然又遇到知识与权力的博弈。可以明确的是，科耶夫绝对主张知识分子必须是行动的，光口头批判，精神思考，而不介入纠纷的知识分子是不可取的。但是行动的知识分子不能像那些忠诚的公民一样，成为权力的傀儡。行动的知识分子必须在保证自身进行精神创造、知识生产的同时，关注政治和社会发展，给予建议，发表意见，积极行动，做一个反思的公民。同样这个问题，在布迪厄对知识分子的诊断中，有着极为类似的表述。他认为，文化生产者要取得知识分子的名头，必须满足两个条件：一方面，他们必须从属于一个知识上自主的，独立于宗教、政治、经济或其他势力的场域，并遵守这个场域的特定法则；另一方面，在超出他们知识领域的政治活动中，他们必须展示在这个领域的专门知识和权威。他们必须做专职的文化生产者，而不是政客。尽管自主和入世之间存在二律背反式的对立，但仍有可能同时得到发展。知识分子因为他们的专门知识（例如奥本海默的科学权威、萨特的知识权威）而区别于世俗利益的独立性越强，他们通过批评现存权力来宣称这种独立性的倾向就越大，无论他们采取什么政治立场，这种政治立场的符号有效性也就越大。①

　　不同之处在于，布迪厄可能对由一个国际性的知识分子共同体来保护知识分子的相对于政治的独立性和保护其切身利益不受损害寄予了很大希望，施特劳斯认为学术宗派由于热烈地关注真正的问题而范围较小，但仍然是进行真正的学术交流的最佳平台。科耶夫却强烈地批判这种团体或者宗派的观念（虽然科耶夫以傲慢著称）。他认为既然知识分子也是为了得到那些他们承认的人的承认，他们就应该去教育更多的人，使他们获得自己的承认，最终使自己得到尽可能多的人的承认。

　　科耶夫的历史终结论最终导向一个无阶级、无差异的普遍均质国家。与黑格尔一样，在过渡到普遍均质国家之前，科耶夫十分强调伦理、法律

---

　　①　Pierre Bourdieu, "Fourth Lecture. Universal Corporatism: The Role of Intellectuals in the Modern World," *Poetics Today* 12 (1991): 656.

在民族国家的现实性，并认为法律只有在国家中才是现实态的，而国际法永远是次于国内法的存在。这时，科耶夫是非常"黑格尔"的。他还在国家权力的来源和国家的起源问题上颠覆了经典的自然权利论和契约论的解释，将哲学人类学意义上的权威转化为权力，强调国家的政治性与非工具性。同时，"为了承认的斗争"也被作为道德之维引入其社会历史发展的动力机制中。但科耶夫区别于施密特的政治的存在主义之处在于，科耶夫的最终目的是要在政治背后寻求个人和国家的统一。这种统一与其说是法的或政治的，毋宁说是介于二者之间。

　　然而，随着历史的终结，民族国家向普遍均质国家的过渡将是一种总体的趋势，或者说是一种努力的方向。普遍均质国家对内必须保障其公民的利益不受损害。在知识分子如何行动这一问题上，科耶夫着重批评了三种类型的知识分子，即精神的动物界的知识分子、自由民知识分子和忠诚的公民。在此基础上，他提出要做反思的公民。不过，知识分子是否如科耶夫所说，不需要在一个团体或者宗派（施特劳斯所说的宗派或布迪厄所说的普世的行会或团体）中行动？如果我们因为"学术宗派由于热切地关注真正的问题而范围较小，文字共和国……更关心的是达成共识而非追求真理"，① 而不得不选择宗派，又如何能排除不同的宗派在针锋相对的时候，所寻求的已经不是真理本身，而更多的是对自身立场的维护？古热维奇在评论他的两位老师施特劳斯和科耶夫的争论时说道："通常，在分歧如此深刻和激烈的情况下，几乎很少能有严肃的讨论，但双方理解问题的愿望比坚持他们的立场的愿望更强。这是他们为什么那样彻底地阐明他们命题的原因。"② 科耶夫与施特劳斯很幸运，他们的"共同体"建立在对彼此思想深刻理解的基础之上。他们及围绕在他们身边的学生们将这一学术共同体不断扩展开去，成就了知识分子史上的一段佳话。

---

① 　施特劳斯、科耶夫：《论僭政——色诺芬〈希耶罗〉义疏》，第 212 页。
② 　施特劳斯、科耶夫：《论僭政——色诺芬〈希耶罗〉义疏》，"英文编者导言"，第 4 页。

第三章　哲学王

第一节　合作还是抵抗?

奇怪的战败

1939 年春,黑格尔导读课程因为战争而中断,已于两年前入籍法国的科耶夫成为最后一批被动员入伍的法国人。据科耶夫回忆,他的一个学生看到他穿军装的模样时说道:"教授先生,您终于付诸行动了。"① 然而科耶夫在这场奇怪的战争中并没有更多的壮举。在 1940 年 5 月 10 日德国侵入阿登省前五天,科耶夫所在的部队被派到了中央高原的拉库尔坦(La Courtine)大本营进行训练。德国进攻阿登(L'Ardenne)前夕,部队回到巴黎,科耶夫向部队请了 24 个小时的假。就在这时英法联军惨败,他回到预定的地址报到,却没找到任何人。科耶夫就此与部队走散。一个月后德军进驻巴黎。②

法国历史学家马克·布洛克在《奇怪的战败》一书中以一位投笔从戎的法军军需联络官的视角记录下了部队里的信息不畅通、指挥官的错误决策、法国在战争中的疯狂撤退与德军的不期而至。③ 在这样的混乱中,马若兰经老友罗杰特·鲁卜提(后者与莫内相识)推荐,去伦敦就任英

---

① A. Kojève, «Entretien avec Gilles Lapouge, 'les philosophes ne m' intéressent pas, je cherche des sages», *la Quinzaine Littéraire* 53 (1968): 18 – 19.

② D. 奥弗莱:《亚历山大·科耶夫:哲学、国家与历史的终结》,第 285 页。

③ 马克·布洛克:《奇怪的战败:写在 1940 年的证词》,汪少卿译,人民大学出版社,2014。

法合作委员会统计顾问。[①] 梅洛－庞蒂曾作为步兵军官被派往隆维（Longwy）前线，在战争中被俘，后加入抵抗运动。阿隆的部队连敌人也没见过，就和正在路上逃难的平民们一起撤退了。他意识到自己的犹太人身份带来的威胁，很快去了英国，并在整个战争期间，在那里以记者的身份为自由法国军队工作。科瓦雷同样因为他的犹太裔身份选择流亡埃及，之后去了美国。拉康先在军队医院服役，不久隐居于法国南部的小城尼斯。布勒东曾经在一所飞行学校担任军医，随后退伍，流亡美国。[②] 巴塔耶先是留在了巴黎，后来也辗转各处逃难。埃瑞克·韦伊被关在德国的集中营中，直到 1945 年才获释。萨特在 1939 年 9 月就被派到靠近德国边境的布吕马特驻扎，但他发现自己在那里无事可做，只有靠阅读和写作打发时光。在被德军逮捕之后，颇为幸运地逃回了巴黎。[③]

　　伊森·克莱因伯格提醒我们注意，这些包括阿隆、拉康、巴塔耶、梅洛－庞蒂、韦伊等科耶夫研讨班的听众与萨特在内的 1933 年一代的年轻知识分子，他们在 1930 年代试图对法国哲学重新概念化，但他们的任务主要是哲学的而非政治的，他们是从一个理论的而非实践的立场接近政治的。萨特在《战时日记》中回忆了自己在二战前二十年中政治上的冷淡。他几乎对政治没有兴趣，而是着迷于哲学和文学。雷蒙·阿隆在一个关于他 1930 年代政治态度的访谈中回答说："在我开始研究政治经济学之前，我大致是一个机会主义者……我的所有朋友都支持人民阵线，所以自然我也投票支持人民阵线。"在 1930 年代，左派阵营与右派阵营间的界限是模糊的。[④] 然而战争爆发后，曾经象牙塔里的学子们面临的却是随时可能要进行的生死抉择。毫无疑问，科耶夫在战争中也经历了这样的抉择。

　　科耶夫在与部队走散后，离开巴黎，越过占领区与自由区的分界线，一路南下抵达马赛，准备从那里离开法国。他的朋友费尽心机为他弄到了一张通行证。但是他的伴侣尼娜·伊凡诺夫（Nina Ivanoff）因为没有通

①　D. 奥弗莱：《亚历山大·科耶夫：哲学、国家与历史的终结》，第 285 页。

②　吕一民、朱晓罕：《良知与担当：20 世纪法国知识分子史》，浙江大学出版社，2012，第 130 页。

③　莎拉·贝克韦尔：《存在主义咖啡馆：自由、存在和杏子鸡尾酒》，沈敏一译，北京联合出版公司，2017，第 203 页。

④　伊森·克莱因伯格：《存在的一代：海德格尔哲学在法国，1927～1961》，第 74 页。

行证，于 1941 年 11 月 13 日在穿越占领区与自由区的边界线时被维希政府警察逮捕。科耶夫通过联系到维希政府分管宣传的高级官员亨利·穆瓦塞（Henry Moisset），才将尼娜解救出来。① 科耶夫与尼娜之后在马赛安顿了下来。尼娜在马赛研究院的实验室里找到一份工作。尼娜的一位朋友列昂·波利雅科夫在当地的抵抗组织中十分活跃。科耶夫也积极参与到这些抵抗运动中，他利用自己通晓多国语言的优势，把抵抗人员从一处转移到另一处，或者接收各种情报。② 据侄女尼娜·库茨涅佐夫回忆，科耶夫与同伴有一次因试图策反一支由监狱囚犯组成的德军部队失败而入狱。面对这支部队的指挥官的审讯，科耶夫推断出该指挥官在战前是慕尼黑一家画廊的馆长，他本人曾经多次参观过这家画廊，科耶夫最后成功地打动了那位可以决定他们命运的官员，使自己被释放出来。③

一直到战争结束前，科耶夫都住在马赛及附近的地区。对于这段历史，我们可以参考的资料十分有限。幸而科耶夫在此期间先后完成了《权威的概念》与《法权现象学纲要》两部书稿的写作，为我们了解他这一时期的政治思考与实践提供了依据。

《权威的概念》

《权威的概念》一书是科耶夫作品中饱受争议的一部。科耶夫的传记作者称该书是水果中的蛀虫。④ 批评者认为该书是在为维希辩护，为贝当公开站台。科耶夫在书中考察了权威的概念、起源与类型。他把权威定义为"一种至少存在于两个人之间的社会关系与现象，即施动者有对其他的受动者行动的可能性，后者有能力反抗却没有进行实际的反抗。权威的行动是可以在不改变自己的情况，改变受动者。这一行动是不允许有妥协

---

① 在法国国土安全局的调查记录中，科耶夫在战前就通过埃瑞克·韦伊的关系结识了亨利·穆瓦塞，见 Raymond Nart, « Alexandre Kojevnikov dit kojève », *Commentaire* 161 (2018)：219 – 228.

② 法国国土安全局的调查显示，科耶夫于 1939 年加入法国共产党，1940 年开始与克格勃合作，在 1943 年试图通过尼娜恢复与苏联驻马赛情报机构的联系，见 Raymond Nart, 《Alexandre Kojevnikov dit kojève》, *Commentaire* 161 （2018）：219 – 228。

③ D. 奥弗莱：《亚历山大·科耶夫：哲学、国家与历史的终结》，第 287~288 页。

④ D. 奥弗莱：《亚历山大·科耶夫：哲学、国家与历史的终结》，第 286 页。

的"。① 因此，人类社会有四种原生性权威：父亲的权威（父亲对孩子、年长者对年轻者、死者对生者、作者对书籍、学派的首领对信徒等）；主人对奴隶的权威（贵族对平民、军队对平民、男人对女人、征服者对被征服者）；首领的权威（高级对低级、老师对学生、博学的人、技术专家、先知）；法官的权威（仲裁者、审查官、听忏悔者、公正的人）。

在科耶夫看来，政治权力就直接由这些人类学上的权威转化而来。政治权力固然能够建立在纯粹强力的基础上，但理论上说，政治权力想要永久性而不是偶然性存在，就应该建立在权威的基础上。政治权力的理论就是权威的理论在政治领域的应用。于是就有了这样的政治权力的起源，即：父亲的权力、主人的权力、首领的权力与法官的权力。②

三权分立理论是现代民主制的重要组成部分。科耶夫将司法、立法与行政三权分别对应法官的权力、首领的权力③和主人的权力，指出这个三权分立原则的弊病在于它把父权排除在外。对于神权和绝对王权来说，这种三权分立的原则是一种截肢式的残缺。由于父权意味着传统，它的缺失就使得立宪原则产生于一种革命的精神，就会导致资产阶级的革命。故而孟德斯鸠立宪理论的逻辑结果就是托洛斯基的永久革命论。然而科耶夫的解决方法既不是追随卢梭，也不是彻底推翻三权分立的原则，另外创造出新的替代品，而是提出了一种新三权分立。

第一，在不能将公民化为家庭，而体现出父权的情况下，可以单独分出一个父权的载体，那就是参议院或者是家庭父亲的代表作为一方，只有表决权没有动议权。

第二，政府的复合权力，包括首领、公务员、国民大会三个组成部分。关于首领的产生，他只提及由一个会议来选举或任命，但是会议从何而来并没有明确阐明。

----

① A. Kojève, *La Notion de l'Autorité*, pp. 58 – 59.

② 关于强力与权威的关系，科耶夫认为强力是权威的后果，而不是原因。一个建立在权威基础上的权力，完全可以使用强力为其服务，反之，强力则从来不可能产生政治的权威。

③ 首领的权力对应立法，指的是首领负责提出规划、法案，而不是传统意义上的议会立法。

第三，政治法庭。其作用是给予荣誉或宣判死亡，这就能保持一种主人的权力，让首领和公务员们都保持在这样的一种状态下。

传统的三权分立是在法的基础上，以权力之间的制衡为目的。而从这个新的三权分立不难看出，科耶夫首先在国家的权力来源上就是直接从人类学的权威推演而来。另外，在国家权力的划分中，也严格执行着这一对应关系，即参议院对应父权，政府的复合权力对应首领的权力，政治法庭对应主人的权力。这样一来，按照之前的论述，法官的权力就无法得到体现了。但这恰恰是科耶夫理论的核心，为此至少可以找出两条理论依据：首先，法官的权威得益于柏拉图对永恒的正义和平等的提倡，即认为所有的权威都应该建立在正义和平等的基础之上，其余形式的都是非法的，所以法官权力的最大缺陷就是对其他权力的排斥性。其次，根据他对权威的定义，权威与权利或法的不同在于，后者诉诸武力，武力的实施会损伤权威，权威与权利或法两者本来就是相互排斥的。但如果凭此就认为科耶夫对法视而不见或忽略就大错特错了，他想要做的是将法或者说至少是私法遁入市民社会领域。

在著作的附录部分，科耶夫甚至直接指出了进行民族革命的重要性以及贝当政权的合法性。对《权威的概念》的解读长期以来有两种路径。一种是将其解读为迫于战时情势的应景之作。丹尼洛·肖尔茨（Danilo Scholz）指出，科耶夫曾经向穆瓦塞寄出了自己的手稿，后者收到后，很想与之会面，当时他任部长，分管宣传。[1] 而正是穆瓦塞帮科耶夫解救了尼娜。因为资料的匮乏，我们无法知道这本书的写作开始于尼娜被释放之前还是之后。尼娜是 1941 年底被捕入狱，《权威的概念》完成于 1942 年。在时间的维度上，我们似乎也无法证明这两者之间不存在任何联系，即无法否认科耶夫是出于营救伴侣或为了自身利益而写就了这本看似为维希政权的合法性辩护的作品。一个否定性的判断倒是来自战后法国安全部门的调查，他们认为科耶夫在维希政府的问题上持有一种正确的态度。[2] 对该书的另一种解读则认为科耶夫在书中对权威而非权利的强调，相当一部分

---

[1]　Danilo Scholz, «Alexandre Kojève et Gaston Fessard sur l'autorité et la politique», *Revue philosophique de la France et de l'étranger* 141 (2016)：343 – 362.

[2]　Raymond Nart, «Alexandre Kojevnikov dit Kojève», *Commentaire* 161 (2018)：219 – 228.

原因是继承了黑格尔后期对西方自洛克以来的政治自由主义传统的批评，同时也体现出他的理论的弹性。①

维希 – 抵抗者（Vichysto-Résistant）

科耶夫关于权威问题的论述无疑是对自由主义模式的批判。在他看来，从近代政治到现代政治的转变中，建立在社会契约论基础上的立宪主义取代了绝对主义，父权缺失了。而父权代表着过去，没有过去的政治权威就只有不停地变动，总之，这是一种病态的权威。我们还记得在科耶夫的黑格尔导读讲座中，他并未特别肯定父权的权威。而在占领时期，对过去的保存与对未来的准备同样重要，科耶夫通过对权威问题的阐述也对自己的理论进行了修正。父权的问题涉及政治领导者的问题。抵抗还是合作取决于对父亲角色的定义，取决于如何看待贝当的权威。科耶夫认为战败的责任应该由第三共和国的政客们承担，法国人最终应该依赖贝当，因为贝当是法国过去的象征、传统的延续，他拥有父亲的权威。但倘若他没有将全法国人团结起来的计划（民族革命），其权威也会很快用完。②

应该说在占领时期，权威问题引发关注并非科耶夫的特例。科耶夫在黑格尔导读讲座上曾经邀请两位听众做课堂报告，一位是雷蒙·阿隆，另一位是费萨尔神父。费萨尔神父在战时也就权威问题进行了论述。他在关于权威的文章中，分析了公共的善，认为社会成员的安全是一项基本的公共的善，它与司法的统治、社会的理想一起构成了政府的权威。而在占领时期，法国是被征服国家，维希政府如何能合理地要求公民？贝当保障了安全，但放弃了社会的理想，使更高的公共的善成为不可能。鉴于此，费萨尔认为法国人应顺从物质上的合作，但精神上要进行抵抗。③

科耶夫的另一位忠实听众巴塔耶在战争时期的态度更值得玩味。在

---

①　James H. Nichols，《L'enseignement de Kojève sur l'autorité》，*Commentaire* 128（2009 – 2010）：877 – 892.

②　A. Kojève，*La Notion de l'Autorité*，p. 194.

③　Danilo Scholz，《Alexandre Kojeve et Gaston Fessard sur l'autorité et la politique》，*Revue philosophique de la France et de l'étranger* 141（2016）：343 – 362.

《社会批评》（*La Critique Sociale*）再版时，鲍里斯·苏瓦林（Boris Souvarine）在后记中写道："我们所有共同的朋友在战后都对我用了着迷这个词来形容巴塔耶对希特勒的态度，当然是私下里的，因为他没有勇气去冒这个险。"① 安德烈·马松（André Masson）在 1942 年 6 月 13 日写给罗歇·凯卢瓦②的一封信中说"我在离开马赛前不久见到巴塔耶了，收到他的一封信更是确认了我们的担忧：他的那种呆滞的欢愉在这些灾难中得到了一些满足……"③而科耶夫在战前的讲座中对人类历史进程所做的一种暴力（斗争）的解读被认为与巴塔耶对国家社会主义的着迷有着直接的关系。当然，巴塔耶是从马克思、尼采、黑格尔的一种非理性主义、神秘主义的角度接近国家社会主义的。我们也需要把法国的知识分子们所做的各种选择放在战争这一背景下去理解其中的复杂性。

《精神》（*Esprit*）杂志的主编埃马纽埃尔·穆尼埃（Emmanuel Mounier）是法国天主教思想家的代表。他在战争前、后期的表现就判若两人。穆尼埃在维希政府上台之初热烈拥护，对"民族革命"寄予厚望。他在 1940 年 11 月《精神》杂志的社论中写道："这场革命对我们而言，它不是诸多意见中之一种，它是我们 25 年的含义和天职；整整一代青年都曾与我们在一起；我们的决裂业已完成，广泛地完成了；我甚至敢于认为这种决裂超越了目前的事件……今天向法国青年提出希望保证的各种口号，多年以来，我们都在深化和传播着这些口号。"④ 然而，穆尼埃却始终拒绝与纳粹德国合作，并最终在看到维希政府在为纳粹德国效力的道路上渐行渐远时，与之分道扬镳，旗帜鲜明地加入抵抗运动的阵营。他在 1942 年被维希政府逮捕，遭到长期监禁。⑤

在穆尼埃之外，还有一类人被称为维希-抵抗者。他们既积极地参加了抵抗运动，又是维希国家的支持者。他们不仅认同贝当元帅的合法性，还认同维希意识形态及它颁布的具体政策。他们在维希政府内的工作经历

---

① Charles Jacquier, «la Tentation totalitaire：De Kojève à Bataille», *Commentaire* 57 (1992)：254.
② 罗歇·凯卢瓦（1913~1978），法国作家、社会学家、文学批评家。早年参与超现实主义运动，后与之公开决裂。
③ Charles Jacquier, «la Tentation totalitaire：De Kojève à Bataille», *Commentaire* 57 (1992)：254.
④ 吕一民、朱晓罕：《良知与担当：20 世纪法国知识分子史》，第 127~128 页。
⑤ 吕一民、朱晓罕：《良知与担当：20 世纪法国知识分子史》，第 129 页。

成了他们抵抗的一种形式。① 密特朗（François Mitterrand）战时经历的解密使他成了这类维希 - 抵抗者的典型代表。他在 1941～1943 年供职于维希政府的战俘总署。在这段时间内，他暗地里建立了秘密组织——"莫尔朗小组"，把曾被德国集中营关押过的人和战俘组织起来，既可从他们那里得到有关德军的情况，援助仍被关押的战俘越狱，还可以把他们组织起来建立抵抗武装，为法国的抗战事业做贡献。直到 1943 年密特朗才离开维希政府，完全投入抵抗运动中。

科耶夫在战时的选择也体现出这种双重性。一方面他为维希政权辩护，为贝当的合法性辩护。虽然科耶夫可能并无更多的机会直接依附于贝当政权，然而他想做哲学王的目的是明确的。② 另一方面他又参加了反对纳粹德国的抵抗运动。科耶夫建议，战后要保留两种人，一种是抵抗的人，一种是对国家有信仰的人。而这一国家在战争初期显然是指维希政府。

第二次世界大战对 1930 年代的知识分子产生的影响是根本性的。如果说战前，他们都是通过理论来接近政治，通过黑格尔、现象学来考察马克思主义，战后，他们则集体陷入了对责任的反思中，他们感到必须采取行动——"我们都记得 20 世纪 30 年代的堕落。在 1944 和 1945 年，我们坚定了，我们显示了一种重建我们国家的深刻意愿"。这一变化的激烈性可以从 1933 年的一代从哲学研究到政治活动的转向中看出。一个重要的实例就是《哲学研究》与《现代》（*Les Temps Modernes*）间的区别。这两份刊物都是 1933 年的一代的喉舌，但在 1933～1937 年出版的《哲学研究》的任务是纯粹哲学的，而《现代》的任务则既是哲学的也是政治的。③ 有研究者将萨特转向政治参与的举动描述为"一种不健康的补偿，一种自责，一种对

①　参见 Johanna Barasz, « De Vichy à la Résistance: les vichysto-résistants, 1940 - 1944 », *Guerres mondiales et conflits contemporains* 242 （2011）: 27 - 50。"维希 - 抵抗者"（Vichysto-Résistant）概念出现于 1980 年代末，1994 年皮埃尔·佩昂的《弗朗索瓦·密特朗的青年时代，1934—1947》（Pierre Péan, *Une jeunesse Française François Mitterrand, 1934 - 1947*, Paris: Fayard）出版后，该概念开始为学术界所重视。

②　Danilo Scholz, « Alexandre Kojève et Gaston Fessard sur l'autorité et la politique », *Revue philosophique de la France et de l'étranger* 141 （2016）: 343 - 362.

③　伊森·克莱因伯格：《存在的一代：海德格尔哲学在法国，1927～1961》，第 75 页。

危险的寻求，而这种危险是他在战争时期并不愿意承担的"。① 萨特在《存在主义是一种人本主义》中所讲述的就是《存在与虚无》中的主题。他将人的处境阐释为被抛入存在之中（因而我们必须选择我们之所是），这就暗示了责任，而且萨特写道："当我们选择时，我们是在替所有人选择。"②

萨特于 1944 年发表了论文《沉默的共和国》（*La République du Silence*）。在该文中，这种对自由与责任的奇特且看起来矛盾的理解得到了最好的表达："再没有比在被德国占领期间的我们自由的了……自由这一问题被提出，而我们就处在能够获得关于人的最为深刻的知识之际……在完全的孤独中的完全的责任，这难道不就是自由的显现吗？"③

令包括科耶夫在内的许多试图成为哲学王的思想家们困惑的是，如何以自己的理论去解释实际。1942 年 11 月，盟军在北非登陆，维希法国的幻想破灭。科耶夫在《法权现象学纲要》中所阐发的父权问题又从《权威的概念》时期回退了一步。

第二节　左派与右派

战后，科耶夫在曾经的学生马若兰的推荐下进入法国政府对外经济关系部工作。科耶夫的政治立场一直是一个谜。据他自己说，1920 年他在莫斯科的黑市里倒卖肥皂入狱后，在狱中皈依了共产主义的信仰。之所以离开俄罗斯，是因为他知道革命将在那里引起至少 30 年的恐慌。④ 在成为法国政府部门的高级幕僚之后，他也曾多次以戏谑的口吻谈及自己的斯大林主义的立场。然而如果就此认为科耶夫是一个斯大林主义者，或一个左派的马克思主义者，则无异于对其思想中的保守主义成分，对其甚至在战前就有意与左派的激进团体保持距离的事实，与他在战后，包括在捷克斯洛伐克 1968 年事件上的种种右派立场视而不见。

---

① 伊森·克莱因伯格：《存在的一代：海德格尔哲学在法国，1927～1961》，第 202 页。

② 伊森·克莱因伯格：《存在的一代：海德格尔哲学在法国，1927～1961》，第 205 页。

③ 伊森·克莱因伯格：《存在的一代：海德格尔哲学在法国，1927～1961》，第 205～206 页。

④ A. Kojève, «Entretien avec Gilles Lapouge, "les philosophes ne m'intéressent pas, je cherche des sages"», *La Quinzaine Littéraire* 53（1968）：18 – 19.

谨慎的立场

科耶夫刚到巴黎时，凭借着好友帮其变卖莫斯科家中的珠宝所得的积蓄，和妻子塞西尔先后住在布洛涅森林旁的几幢别墅中。① 据说，当时他们最喜欢做的事情之一就是邀请朋友来家中聚会。他是一位资深的音乐唱片收藏者，而在他和朋友的通信中也常可以看到他家藏的唱片对其朋友的巨大吸引力。我们从科耶夫的传记作者那里得知，在巴黎最初几年挥霍无度的时候，科耶夫和塞西尔会去几个固定的俄国朋友圈子里参加他们的聚会。然而对几个著名的俄国流亡者圈子，科耶夫是有意保持了距离的。即使是在 1931 年科耶夫投资失败，陷入经济危机，与妻子离婚，开始靠为杂志撰写书评来补贴生活的时候，他也几乎没有给那些著名的俄国流亡者的书店或者杂志投过稿。②

需要注意的是，1930 年代的法国，受到经济危机的影响，排外的情绪和反犹主义在法国社会滋长。科耶夫的挚友犹太人施特劳斯从德国辗转法国，后来又不得不从法国转道英国，最后横渡大西洋，在美国生活定居下来。法国政府对苏联间谍的潜入保持高度警惕。后来，针对外国人的入籍问题，政府也一再修改政策。科耶夫虽然在接替科瓦雷主持黑格尔导读讲座之后，在巴黎高等研究实践学院的讲坛上执教数年，但一直都是以兼课教师的身份，作为一位未入籍的外国人，他不能获得永久性的教职。

直至二战前，科耶夫在政治上都表现得非常谨慎。且不论早在 1920 年代的法国新闻评论界，俄国的流亡者们就以热衷于参与各种政治辩论而著称，而当时的科耶夫还是一位初出茅庐的留学生。即使到了 1930 年代，科耶夫在自己的讲座上对黑格尔做一种马克思主义与存在主义的宣讲时，

---

① 在法国社会向来有以街区划分阶层的做法，布洛涅森林地区是富裕阶层居住区。1931 年，科耶夫投资失败后，不得不举家搬往巴黎的近郊——斯大林格勒路 13 号（又名中学路）的寓所中。

② 科耶夫陷入经济危机后，接受科瓦雷的建议，为他创办的《哲学研究》杂志撰写书评。在各种往来书信中，我们并未发现科耶夫与那些著名的俄国流亡者创办的杂志有任何联系。倒是在科耶夫的手稿中，发现了一封 1934 年 6 月 22 日《斯拉夫世界》杂志的编辑朱尔·勒格拉（Juels Legras）给科耶夫的一封拒稿信，从信的内容来看，科耶夫的稿子应该是一篇关于索洛维约夫的文章，拒稿的理由是，文章太长太专业，而杂志本身并非一本哲学杂志。

我们看到他公开的与左、右派接触的次数也是寥寥可数的。应该说他的俄国人身份，他所宣讲的马克思主义的黑格尔思想在 1930 年代法国知识界集体向苏联看齐，试图从苏联找寻一种克服资本主义现代病的解决方案的时候，是特别容易夺人眼球的。然而科耶夫却特别警惕这一点。他可以从思想上输出左派的甚至是右派的黑格尔主义，却很难在政治上信任或者服务于任何一个派别。或许正是这种谨慎才能保证他顺利地融入法国社会。对于一个已经没有祖国的人来说，这种融入和认同感的建立至关重要。1937 年，科耶夫加入法国籍，完成了从俄国人到法国人的正式转变。

法国的左派与右派

在法国左右阵营的划分中，几个派别的关系一直十分微妙。法国的自由主义建国之路从大革命开始一路走来，直到第三共和国时期才稳定下来。在第三共和国时期，自由主义与社会主义实现了联手，结成了对抗保守主义的联盟。20 世纪初的几十年，受到苏联革命的影响，社会主义和共产主义获得了极大的发展，因此自由主义又和保守主义携起手来。

保守主义者在 1930 年代发起"法兰西运动"。运动的宗旨是倡导回归民族主义、传统和土地，其实质是一种民粹主义的思想。鲜有证据表明科耶夫与该运动有任何联系。然而法兰西运动的这些口号甚至其民族革命的设想却在科耶夫战争中所著的《权威的概念》中得到了回应。在自由主义一脉，雷蒙·阿隆曾经是科耶夫黑格尔导读讲座的忠实听众，也是法国自由主义知识分子的典型代表。尽管阿隆对共产主义的批判不遗余力，[①] 而科耶夫常常调侃地说道自己是一个共产主义者；尽管科耶夫认为自由主义所倡导的民主和选举体制弊端重重，也不具有唯一性。这些都不妨碍二者间的彼此欣赏和维系了一生的友谊。

马克思主义进入法国的速度相对缓慢，在 1929～1934 年，出现了第一个马克思主义的学习和宣传小组，其主要成员包括：乔治·波利策（Georges Politzer）、亨利·勒菲弗尔（Henri Lefebvre）、诺贝尔·居特曼（Norbert Gutermann）、乔治·弗里德曼（Georges Friedmann）、皮埃尔·

----

① 阿隆的《知识分子的鸦片》一书集中批判共产主义。

莫航奇（Pierre Morhange）、保罗·尼赞（Paul Nizan）。该团体与共产党联系密切，他们反对法西斯主义，致力于用理性将笛卡尔与共产主义知识分子联系在一起。团体的成员都有很好的思想资源，大部分属于生活环境优越的资产阶级。① 第二个马克思主义团体的领导者们既是法共党员，也是一些著名科学家，他们将一些以唯物主义辩证法为主要研究方法的知识分子们团结起来，以《思想》（La Pensée）、《现代理性主义》（Revue du Rationalisme Moderne）杂志为阵地。毋庸置疑的是从 1930 年代到 1950 年代中期，法国的共产主义运动一直在斯大林的严格掌控之下。共产主义知识分子的目标首先是要保卫苏联，将马克思主义理论曲解成一套为苏联体制与斯大林主义辩护的理论。法国共产党的任务也是要适应苏联利益的需求。当然，亲共的知识分子与共产党人之间的关系十分微妙。法共的领导者都是政治家或政客，知识分子向来都是处于附属的地位。法共奉斯大林的理论为正统，认为斯大林主义是对马克思与列宁的正确解释。当政客们需要知识分子的时候，他们往往会对知识分子们的言论的正统性放宽尺度，甚至有时候公开的争论也是有可能的。大部分时候，对于法共的知识分子来说，将马克思思想运用在西方社会的具体历史情景中几乎是不可能的事。②

　　然而战前，在法国知识界，以上阵营的边界是模糊的。总体而言，1930 年代的知识分子们更愿意从理论的角度来接近政治。战后的法国思想界发生了显著的政治转向。知识精英们对战前政治行动和介入的愿望更为迫切。德贡布在其《当代法国哲学》中这样写道："在上流社会（报纸、杂志、大众媒体）中，哲学被要求传达政治意义。政治站队在法国具有决定性的意义，它必须揭示一种思想的最终意义。任何时候谈到问题的要害，都是从对知识的性质的一个或多个假设开始，然后不是回到下届选举的问题就是共产党的态度问题。"人们在这些政治哲学的作品中很清晰地看到其政治立场。以至"直到 1968 年，认识论基本上属于左派，而

---

① Jean-Louis Fabiani, *Qu'est-ce qu'un philosophe Français ? la Vie sociale des concepts*（*1880 – 1980*），p. 149.

② Mark Poster, *Existential Marxism in Post-War France*（Princeton：Princeton University Press, 1975），p. 39.

形而上学则属于右派"。[1]

　　1948 年创刊的法共的喉舌《新批评》（*La Nouvelle Critique*）杂志显然比《思想》杂志更多地受到斯大林主义的影响。虽然《新批评》杂志的编委们也继续宣称理性主义，但是他们将理性意识与科学的确证附属于政治的要求。[2]《新批评》杂志曾经刊有一篇题为《知识分子与党》的文章，文中这样写道："考虑到我们共产主义知识分子的重要任务，我们应该要求他们尽最大努力吸收党的政策，提高党的科学理论水平。""我们应该成熟到不再相信知识分子将是民族文化的自然的和独一无二的捍卫者。"[3] 这种思想的控制在冷战开始后愈演愈烈，直至苏共二十大召开。[4]

　　科耶夫与亲共产主义的知识分子们有过一些交往。在科耶夫为数不多的翻译作品中，就有 1935 年与科尔班合作翻译的亨利·德·曼（Henri de Man）的《社会主义的思想》（*L'Idée Socialiste*）一书。在科耶夫手稿中，也存有弗里德曼写给科耶夫的两封关于商讨出版合作事宜的书信。[5] 他们二人的合作并没有顺利进行下去，最可能的原因是两人对弗里德曼提出的几点修正意见的看法不统一。在科耶夫的学生中，有自称更接近于超现实主义而非马克思主义的巴塔耶，[6] 有基督教共产主义的神父费萨尔，甚至

---

①　德贡布：《当代法国哲学》，王寅丽译，新星出版社，2007，第 17～18 页。

②　Jean-Louis Fabiani, *Qu'est-ce qu'un philosophe Français ? la Vie sociale des concepts (1880 – 1980)*, p. 150.

③　Jacques Duclos, «Le Parti et les Intellectuels», *La Nouvelle Critique* 56 (1954): 2 – 7.

④　Mark Poster, *Existential Marxism in Post-War France*, pp. 37 – 39.

⑤　这两封信的内容都是关于一套名为《社会主义与文化》丛书出版的合作事宜。科耶夫于 1936～1937 年在巴黎高等研究实践学院主持了一门皮埃尔·拜尔的讲座，他可能是通过埃瑞克·韦伊同弗里德曼取得联系，希望将其关于皮埃尔·拜尔的内容纳入这个出版计划，并为此写了几十页手稿寄给该套丛书的负责人弗里德曼。从后者的回复来看，首先弗里德曼认为科耶夫的语言过于晦涩，希望其避免使用那些并非必不可少的哲学语言；其次希望科耶夫能在拜尔的生平上多费些笔墨，使他在读者面前有一个比较鲜活的形象；另外多描绘一下他在思想史上，在法国大革命中的影响与作用；最后弗里德曼希望科耶夫能将拜尔与丰特内尔（Fontenele）做一对比研究，并透露出他对"拜尔与丰特内尔的意识形态的经济基础"这个研究计划的欣赏，意在暗示科耶夫突出这个主题。最后，这本关于拜尔的研究并没有出版，多半与科耶夫和弗里德曼两人在提出的这几点上意见的不统一有关。见 Lettre de Friedmann, 1935, NAF 28320, Fonds A. Kojève, BNF。又见 Marco Filoni, *Le Philosophe du Dimanche*, pp. 243 – 244.

⑥　Correspondance avec Bataille, NAF 28320, Fonds A. Kojève, BNF, 该信未标明年月日期。

还有当时还是学生，后来成为法共代表性人物的让·德桑蒂（Jean Desanti）①。德桑蒂在战后成了曾经的老师——科耶夫的批评者，他评价科耶夫的立场更接近于斯宾诺莎而非马克思。② 正如科耶夫的传记作者所说，"科耶夫自称是右派的马克思主义者，但是他对传统的右派没有任何同情，也与社会主义者们保持着距离，却对共产党有同情"。③ 但这种同情也绝非 1956 年前法共的那种斯大林主义的共产主义，科耶夫的个性决定了他不能接受那种思想的禁锢。④ 如此，他在左派那里就显得格格不入了。

共产主义的右派

在第四共和国时期，科耶夫作为高级幕僚，与奥利维耶·沃姆泽（Olivier Wormser）、贝尔纳·克拉皮耶（Bernard Clappier）⑤ 一道，在法国的对外经济关系中发挥了决定性的作用。"只要三位高级官员（两位来自财政部，一位来自外交部）——科耶夫称之为三巨头，就某一个问题达成了一致，或者拿出了一种解决办法或者态度，那么法国在此问题上的政策就定下来了。"⑥ 桑巴特回忆道，科耶夫在法国政府中是第二位最重要的人，仅次于戴高乐本人。戴高乐决定与苏联的关系和打击部队的问

---

① 德桑蒂（1914～2002），法国哲学家，早年加入法国共产党，积极宣传马克思主义思想。苏共二十大后较少介入政治。曾任教于巴黎高师、索邦大学等机构，福柯、阿尔都塞等都曾受教于他。Jean Desanti, «Hegel est-il le père de l'existentialisme?», *La Nouvelle Critique* 56（1954）：94 – 95.

② Jean Desanti, «Hegel est-il le père de l'existentialisme?», *La Nouvelle Critique* 56（1954）：92.

③ D. Auffret, *Alexandre Kojève, la Philosophie, l'Etat, la fin de l'histoire*（Paris：Grasset, 1990），p. 423.

④ 有研究提出，从心理学上说科耶夫绝对不可能听从克格勃的命令。在他为法国政府工作期间，奉行的也不是亲苏联的政策，而是亲欧洲的政策。科耶夫的研究者 D. 奥弗莱和 J. 尼科尔斯均表达了类似的看法。见 James Nichols, *Alexandre Kojève：Wisdom at the End of History*（Lanham：Rowman & Littlefied Publisher, 2007），pp. 133 – 135。

⑤ 奥利维耶·沃姆泽（1913～1985），法国政治家，曾任法国外交部经济与金融司司长、法国驻苏联与联邦德国大使、法兰西银行行长等职。贝尔纳·克拉皮耶（1913～1999），法国政治家，曾任法国经济部对外关系司司长、法兰西银行行长、欧洲经济共同体货币委员会主席等职。

⑥ Olivier Wormser, «Mon ami kojève», *Commentaire* 9（1980）：120.

题，而科耶夫决定其他一切。雷蒙·阿隆与法国驻关税与贸易总协定代表团负责人安德烈·菲利普（André Philip）都对此予以了确认。[①] 如果说战前讲座时期，科耶夫还不时自诩为黑格尔马克思主义者，此时，身居高位的科耶夫对自己的政治信仰更加讳莫如深起来。

好友沃姆泽评价科耶夫，认为他是一个右派，因为科耶夫的最大的对手都在《新批评》杂志，后者是法共知识分子聚集的地方。而我们确实也在这本杂志上读到了这样一个别有用心的，不符合正统的《黑格尔导论》："对黑格尔的回归，是一小伙人私下在大学校园之外开始的（即科耶夫 1930 年代的黑格尔导读讲座——笔者注），他们反对黑格尔解读的最有名的大师（布伦茨威格或拉朗德）。这个小圈子，他们对官方哲学心存不满。他们中一些人是神学家，抱着重新将神学家们团结起来的目的，一些人是因为他们对'存在'有着焦虑，另一些人（包括我在内）是想在他们要求的政治有效性的马克思主义中，寻找一条他们熟悉的，不打扰他们哲学习惯，不使他们改变意识的道路。今天，回归黑格尔，在范围和方法上都要更加宽泛了，并且是处在大学的中心。1936 年，对于我们来说像精神的冒险的经历，在今天已经是日常的、节目单上的条目。《精神现象学》（具体来说是主奴辩证法）已经在今年登上了哲学会考的法国作品一栏了。另外，科耶夫对存在主义给出的黑格尔式的解释（黑格尔是存在主义的倡导者），被拿来并放大，在今天的索邦大学，已俨然是教学的流通货币。"[②] 德桑蒂进一步说，因为黑格尔是马克思主义的主要来源，所以以上这种对黑格尔的曲解并非偶然，而是资产阶级的主流思想蓄谋已久的。[③] 应该说这一批评是一位正统的法共党员在一份正统的法共刊物对一位非正统的马克思主义者的指控。这项指控也把科耶夫推向了右派。对科耶夫本人来说，进行还击几乎是不可能的事情。依据他对知识分子的看法，似乎也不会认为有还击的必要。

至少在表面上看来，身为高级政府公务员的科耶夫已经站到了右派的阵营里。科耶夫手稿中藏有 1955 年与 1956 年两次鲁瓦约蒙（Royaumont）

---

① Stanley Rosen, "Kojève's Paris: A Memoir," *Parallax* 3 (1997): 1 – 12.

② Jean Desanti, «Hegel est-il le père de l'existentialisme?», *La Nouvelle Critique* 56 (1954): 94 – 95.

③ Jean Desanti, «Hegel est-il le père de l'existentialisme?», *La Nouvelle Critique* 56 (1954): 94 – 95.

会议的邀请函。战后该会议一度成为左派知识精英们集聚之地。这两次会议的主题是"马克思思想与辩证法"，由吕西安·勒菲弗尔（Lucien Lefebvre）与费尔南·布罗代尔（Fernand Braudel）任主席。然而，科耶夫均以有行政事务在身为由拒绝主办方的邀请。他的拒绝可能出于三种原因（如果是有意为之的话）：这种学术会议没有意义，"我周围没有可以与我做有意义讨论的人"，即便是科瓦雷在这个会议的组织者之列，科耶夫也认为他有点疯疯癫癫，还有点怀疑主义;① 科耶夫认为这个会议的政治倾向太过明显，自己的身份不适合参与进去；行动远比会议的清谈来得重要，这也回应了上面的第一点，即学术会议没有什么意义。科耶夫作为智者，已经将所有的东西都考虑清楚了，剩下的只有行动。而科耶夫在1968 年五月风暴上的态度，似乎更为他的右派立场提供了有力论据——他认为那些造反的学生应该去学希腊语！

　　然而，据沃姆泽回忆，他战后刚见到科耶夫的时候，后者还是非常"反动"的，寄希望于一个铁血的政治强人来领导苏联。② 这种由"反动"到右派的转变，或许正是因为他所处的位置使之不得不分享一些经典右派的思想，又或者是工作中的犬儒主义导致了他思想的幻灭？

　　前已提及，科耶夫的左派立场与社会主义保持着绝对距离，他在拉丁帝国的建构设想中明确说："社会主义——国际主义的解释跟自由主义——消极主义的解释一样，都是错误的。自由主义的解释之所以错误，是因为它没有在民族性的实体之外看到任何政治性的实体。而国际主义的疏忽则在于，如果离开了人性，它没有办法看到任何一种在政治上能够存在下去的东西。"③ 他甚至建议，在战后的法国，有一些政党是没有办法成为一种稳固的政治基础的，这就是激进社会主义党。④ 另一方面，科耶

---

① Leo Strauss, *De la Tyrannie suivi de Correspondance avec Alexandre Kojève*（1932 - 1965），p. 330. 罗森的回忆证明了科耶夫与科瓦雷二人在战后的关系的疏远。他说："两人之间的关系现在很不好。科耶夫对我说过，科瓦雷觉得他盗用了自己在基督教与现代科学起源方面的观点，但是我怀疑，是科耶夫的特别的个性与他更大的无限的魅力在与科瓦雷的竞争中让后者感受到了无法与之竞争的敌对性。"见 Stanley Rosen, "Kojève's Paris：A Memoir," *Parallax* 3（1997）：1 - 12。

② Olivier Wormser, «Mon ami kojève», *Commentaire* 9（1980）：121.

③ 科耶夫等：《科耶夫的新拉丁帝国》，第 9 页。

④ 科耶夫等：《科耶夫的新拉丁帝国》，第 45 页。

夫的左派也并非苏联的共产主义，他认为法国绝不能走苏联的那种将所有一切都拉平的，有时甚至是"野蛮的""国家主义"，这种野蛮的国家主义已经将理性化的经济与社会组织的所有可能性都穷尽了。而"苏维埃式"的帝国构造显然与"共产主义"是毫无关系的，并且还可以很容易地与共产主义分开。①

事实上，科耶夫在殖民地政策、保护原材料价格、援助第三世界国家等方面的亲左派的观点，在某种意义上亦与传统右派的经济自由主义背道而驰。他曾明确表示过不必效仿英美集团的那种毫无规则的自由主义。在1956年的杜塞尔多夫演讲中，科耶夫甚至提出福特是当今社会最大的马克思主义者，以此来调和共产主义与资本主义。而奥弗莱则干脆称福特是一位共产主义的右派。

战后法国知识界一度为左派的介入式传统所引领，自由主义知识分子只是在阿隆之后才被正名。而法国的政界一向是中间偏右。科耶夫并不欣赏一般意义上的知识分子，他要做智者，他对左派的同情也不是来源于意见领袖们的号召，而是来自黑格尔！科耶夫的内心有两位黑格尔，一位是在《权威的概念》里的右派黑格尔，一位是为了荣誉而斗争的青年黑格尔。最终这两位黑格尔在科耶夫所坚信的历史的终结中达成了妥协。右派的权力机构成了他的左派智慧得以大显身手的地方。至于犬儒主义的指控，应当看到，这并非右派的专利。此外，科耶夫过于看重理论的自洽性。正是因为如此，他才会就自己在1938~1939年自诩为地道的共产主义者的原因，对阿隆解释说，他是为了法国的利益着想才转向斯大林主义。② 同样基于此，科耶夫才会认为韦伊在刚刚入法国籍后即加入亲共的阵营有所不妥。应当说，无论是左派还是右派，知识分子的独立性都不因其被贴上了左派或右派的标签而有所损害。对知识分子来说，尤为需要注意的可能是不要让党派斗争的激情去蒙蔽自身的理智。

---

① 科耶夫等：《科耶夫的新拉丁帝国》，第 25 页。
② 雷蒙·阿隆：《雷蒙·阿隆回忆录——五十年的政治思考》，刘燕青等译，生活·读书·新知三联出版社，1992，第 123 页。

第三节　关于殖民主义

作为老牌殖民主义国家，法国的去殖民化运动经历了一个漫长而曲折的过程。国际上，殖民地人民的民族主义运动风起云涌，针对后发达国家与地区的各种经济援助也在冷战和世界经济重建的背景下纷纷出台。就国内而言，法国在战后经济重建中自顾不暇，它的殖民主义传统乃至国内舆论最初都对非殖民化持反对态度。最终，在印度支那战争与阿尔及利亚战争中的失败成为推动法国非殖民化运动的关键性因素。

国立统计与经济研究所的一份调查报告

1949 年，国立统计与经济研究所[①]就法国是否应该拥有殖民地问题在法国民众中所做的一份民意调查显示，81% 的被调查者认为殖民地对法国来说是有利的。[②] 该问题反映出来的实质是，在法国普通民众看来，经过近百年的殖民化，法国的海外殖民地，特别是地中海沿岸地区，已经成为法国本土的自然延伸，成为其不可分割的一部分。

实际上，法国的殖民主义长期以来有着两方面的考虑。一方面，法国人在"落后"的殖民地地区秉承着一种"文明使命"。他们认为法兰西民族经历了启蒙、大革命与工业化的洗礼，已经在政治制度、经济制度和实力、文明化方面遥遥领先于落后的殖民地国家。启蒙运动倡导的普世主义的价值观念与大革命以来所奉行的共和精神又让法国殖民者们在殖民地有一种使命感，认为自己负有同化殖民地人民，使他们接受法国优越的民主共和制度、经济与文化体制的使命。左派在对待殖民地问题上也不例外。1925 年法国左翼社会党领袖列奥·布鲁姆在议会发表讲话"我们承认有权利也有责任作为高等种族来吸引那些文化上没有发展到我们这个程度的民族，他们的科学与工业还需要发展。我们对自己的国家有太多的爱，以

[①] 国立统计与经济研究所（L'INSEE），是法国最权威的发布统计报告的机构之一。

[②] Jacque Marseille, *Empire Colonial et Capitalisme Français*, *Histoire d'une Divorce* (Paris: Albin Michel, 1984), p. 372.

致于我们不能反对法兰西思想和文明的扩张"。① 对此，右派批评左派是一种对殖民地的雅各宾主义的同化，他们提出尊重殖民地的风俗和文化，给予其更多自主权，以保证宗主国的最大经济利益。

法国殖民活动的第二个重要的考虑是经济利益。资料表明，以 1930 年代为分界线，此前，殖民地在法国经济增长中扮演了极其重要的角色。在原材料方面，法国本土较大程度地依赖于殖民地的供给。由表 3－1 可见，在可可的进口上，殖民地贡献了 1/3 的比例；糖进口量占总进口数量的 44.8%；外来木材和石墨的比例分别是 60.8% 和 66.7%；西米、木薯、动物蜡等从殖民地进口量占总进口数量的 80% 以上；而橄榄油、胡椒和辣椒则几乎是全部依靠从殖民地进口。

表 3－1　1927 年法国进口原料统计

原料	进口总价（百万法郎）	从殖民地进口量占总进口量百分比（%）
谷物	4536793	7.3
棉花	3896175	1.7
糖	624776	44.8
西米、沙列布粉、木薯	48762	80.7
可可	304354	33.3
咖啡	1541802	3.5
外来木材	186630	60.8
橡胶	825661	16.4
羊毛	5527537	3.3
油籽	2315704	29
丝绸	1678180	0.5
大米	362944	77.8
烟草	286625	16.4
香草	5963	89.6
茶叶	26025	12.6

---

① Jacque Marseille, «La gauche, la droite et le fait colonial en France. Des années 1880 aux années 1960», *Vingtième Siècle*, *Revue d'Histoire* 24 (1989): 23.

续表

原料	进口总价（百万法郎）	从殖民地进口量占总进口量百分比（%）
橄榄油	103750	93
菜油	170604	17.3
蜡、橡皮、树脂	97711	26.4
药茶剂	72731	22.9
胡椒、辣椒	45519	99.8
新西兰麻、蕉麻	228856	17.7
皮革、毛皮	1049887	17.8
酊、单宁酸	33945	3.7
灯心草、编织用的禾本科草	78185	7
石墨	15611	66.7
矿石	559778	18.5
动物蜡	12473	88.6
挥发油、香料	129166	25.2

资料来源：Albert Demangeon，《Les importations de matières premières coloniales en France》，*Annales de Géographie* 213（1929）：289。

1930 年代，在世界经济普遍不景气的形势下，法国试图通过在殖民地实现工业化的方式来带动殖民地经济的发展与法国工业设备的出口。此外，反法西斯战争的需要也使人们希望殖民地能够和宗主国站在一起，为战争的胜利提供各方面的支持。甚至左翼人民阵线政府亦对殖民地民族主义运动采取了镇压性措施。

新拉丁帝国

在此情况下，科耶夫在 1945 年对法国未来发展的建言——《法国国事纲要》中，对法国殖民地问题提出自己的判断。他建议建立一个以法国为领导，包括拉丁各民族国家及其殖民地在内，以地中海为中心的拉丁帝国。这一拉丁帝国的重点是要在欧洲众拉丁民族国家，包括法国、西班牙、葡萄牙、意大利之间形成一个联盟。但是科耶夫也给予这些拉丁国家的殖民地以重要的地位。他甚至认为"只有在法国、意大利和西班牙通过将她们殖民领地的资源聚集在一起而开始有所行动的条件下，拉丁诸民族才能产生出这样一个统一体。换句话说，在殖民地当中并且也是为了殖民领地进行工作的可能性，对于这三个国家的所有国民来说，都必须是一视同仁的（除此之外，法国还必须在自己力所能及的范围内，将北非的意大利殖民地从联军手中接收过来归还给意大利，这实际上也是归还给拉丁帝国）"。[①] 科耶夫充分认识到了殖民地在拉丁帝国经济版图上的重要意义，然而他并不认为对殖民地的国民也应该以一种一视同仁的态度来对待。甚至在科耶夫所说的拉丁帝国的"一亿一千万或者一亿两千万公民（这些人就其心智和外在表现来说，都是真正的公民）"中，也并不包括殖民地的人口数量。可见，民族优越感在科耶夫身上同样存在。甚至还可以假设，在就殖民地的去与留的取舍上，科耶夫也属于那81%的行列。也就是说，至少在1945年，甚至直到1949年或者更晚的时候，[②] 科耶夫并不主张一种政治上的去殖民化。

　　然而，科耶夫理解这一问题的另一个角度不得不引起我们的注意。"还有一种可能，那就是，只有在这样一个统一后的拉丁—非洲世界里面，穆斯林问题（可能还有一般意义上的'殖民地'问题）有朝一日才能得到解决。因为自从十字军东征以来，阿拉伯世界的伊斯兰教和拉丁世界的天主教就已经在若干综合性的观点问题上，通过彼此的对立而统一了起来（比如，阿拉伯思想对于经院哲学的影响，还有伊斯兰教艺术对于拉丁诸国的渗透，等等）。人们没有理由确信说，在一个真正的帝国里面，对立双方的这样一种综合就不会被释放为帝国内部的、如果仅仅从纯粹民族利益的角度来看的确是没有办法加以缓和的矛盾。"[③] 科耶夫在这样一种拉丁国家的联合里，看到了解决穆斯林问题的可能性，并认为也许国家利益才是造成天主教世界和伊斯兰世界之间愈演愈烈的矛盾的根本原因。所以通过建立帝国的方式，从根本上解决国家利益的冲突，穆斯林问题或可就此迎刃而解。

　　与此同时，在科耶夫将穆斯林文化与天主教文化并列而论，并屡屡谈

---

① 科耶夫等：《科耶夫的新拉丁帝国》，第25页。

② 科耶夫的传记作者说科耶夫在1949年还试图继续《法国国事纲要》的写作，这表明其基本立场并没有改变。见 D. Auffret, *Alexandre Kojève, la Philosophie, l'Etat, la fin de l'histoire*, p. 421。

③ 科耶夫等：《科耶夫的新拉丁帝国》，第26页。

及阿拉伯世界对天主教世界的影响的时候，必须看到，一方面这种反对殖民主义的声音自始至终在极左派那里存在着，只不过这一声音为主流大众所听到并且接受要等到 1950、1960 年代之后了。另一方面，科耶夫的难以捉摸是众所周知的。直到 1949 年，他还在为建立包括拉丁民族各国及其非洲殖民地在内的拉丁帝国补充资料。他公开谈及政治的去殖民化，是在 1957 年的杜塞尔多夫演讲上——"就总体而言，政治性的殖民主义不会再存在了。今天只有很少几个国家仍然处在一种真正的殖民'政权'的统治之下"。① 事实上，关于政治殖民主义消失的判断仅仅是科耶夫对整个世界的去政治化判断的一部分。科耶夫在此前两年就说："当我在战后作为一个官僚……进入现代民主'国家'的时候，我（在短短几年之后）认为，以后再也不会有任何国家存在了。""我们可以以黑格尔主义为基础，做出如下的'世界性预言'：'局势缓和'——裁军｛Abrüstung｝（开一句合辙押韵的玩笑）｛一语双关一下｝，可以说是'没有怒火（Endrüstung）'的裁军——'第四点计划'——政治（因为否则的话（otherwise）｛?｝会导致在美国的失业——西方内部原材料和工业制成品（＝没有'破坏'的'放牧'）的'合理划分'——每个国家内部和所有国家（'欠发达的国家'）之间收入的持平。"② 这一席科耶夫式的预言，是对世界的去政治化趋势与普遍均质国家未来的再次预判，是对其战前就声称已经完成的智慧体系的回应。既然世界必然走向无差异的普遍均质国家，那么为何科耶夫还要在 1945 年甚至是 1949 年大谈殖民地对拉丁帝国的重要性呢？为什么他不能与极左派一起，从一开始就反对政治的殖民化？这里有两种可能，一是科耶夫对其普遍均质国家的理论的认识有一个过程。1950 年代殖民地民族独立运动的深入才使其更加确信。第二种也是更有可能的，即他自始至终坚信关于普遍均质国家的理论。之所以在 1940 年代不提去殖民化，是因为他认为一种合理的经济殖民主义会促进整合，推动差距的缩小，促进普遍均质国家的发展。

①　科耶夫等：《科耶夫的新拉丁帝国》，第 199 页。
②　科耶夫等：《科耶夫的新拉丁帝国》，第 164、165～166 页。

给予式殖民主义

相较于政治上去殖民化态度的模糊性，科耶夫在经济上的去殖民化态度则要明确与连贯得多。传统的殖民地经济都是以宗主国的经济为导向，以向宗主国提供低廉的原材料为主要的经济支柱，而后，宗主国则将工业制成品卖往殖民地，将后者作为主要的商品市场。价格的剪刀差就此在宗主国和殖民地之间形成。殖民地依赖于宗主国的原材料购买，依赖对宗主国工业制成品的进口，宗主国从剪刀差中获取巨额利润。该机制也是殖民活动的主要驱动力之一。前已述及法国的殖民地经济对法国本土的贡献以1930年代为界，此前，殖民地经济在法国经济增长中的作用功不可没，但之后，随着殖民地独立运动的兴起，法国不得不花费大量的经费用于维系其对殖民地的统治。以1945年至1954年法国与其殖民地印度支那间的战争为例，据统计，这场战争共耗费三万亿法郎，相当于法国一年国民预算开支或支持十次军事冲突的预算。① 也是在这场战争后，法国从殖民地国后撤的设想才得以成型并逐渐有了说服力。其中于1954年出任法国海外省部长办公厅主任，最后出任巴黎荷兰银行行长的皮埃尔·穆萨（Pierre Moussa）提出了"荷兰情节"（Complexe Hollondais）的概念，意味借鉴荷兰从印尼撤出后不久就进入了光荣的30年增长期这一经验，主张法国也应该从殖民地撤军。法国政府内部许多经济与金融部门的高级官员都倾向于这个主张，这也渐渐成为人们认识法国与殖民地国关系的新视角。

值得注意的是，科耶夫与穆萨的私交甚笃。后者的夫人安妮·穆萨（Annie Moussa）是科耶夫的同事，与科耶夫在一个办公室里工作到1962年。穆萨夫人在接受访谈时说到，他的先生承认科耶夫对他有着很大的影响。② 而在穆萨出任海外省部长办公厅主任之后，他曾经试图帮助科耶夫申请海外省的一枚荣誉勋章，最后由于资格审查的问题，未能通过。③ 基于穆萨与科耶夫的深厚友谊及前者首次提出荷兰情节的表述，有理由认为，

---

① 于格·戴和特：《非殖民化与欧洲建设》，韦邀宇译，《浙江学刊》2007年第1期，第107~114页。

② D. Auffret, *Alexandre Kojève, la Philosophie, l'Etat, la fin de l'histoire*, p. 417.

③ Lettre de Pierre Moussa, le 22 Novembre, 1954, NAF 28320, Fonds A. Kojève, BNF。

他们二人在去殖民化这一问题上存在相互的影响。

自 1940 年代末以来，科耶夫一直在试图修正人们对传统的经济殖民主义的看法。科耶夫在 1949 年《关于落后国家发展的工作笔记》中写道，由于现在主要的发达国家的市场已经趋于饱和，经济学家们应该想到培育一些新的商品消费市场，这些新的市场只能是在落后国家当中。而法国应该利用海外投资尤其是美国的投资，来帮助这些殖民地国家实现工业化，促进该地的经济发展，使之成为法国新的海外市场。另一方面，在 1950 年关税协定的谈判中，科耶夫催促法国代表团通过支持有利于原材料国家的交换规则来理性化关税协议，这些规则旨在将原材料价格固定在一个较高的水平上。这一宗旨，直到 1962 年，科耶夫在《关于对现有的商业基础原则的系统修正的必要性》中也始终坚持，他写道："因为发展中国家出口的主要是原材料，目的地是发达国家，而发达国家的购入量不变的情况下，发展中国家只有提高价格，实现恰当的原材料市场的管理。"[1] 他还建议，必须对发展中国家实现关税优惠政策，并且这个政策应该是有选择性的、临时的与递减税的。此外，发展中国家之间商业的贸易也必须得到鼓励。

科耶夫从经济的角度谈殖民主义，最著名的是其 1957 年 1 月应德国莱茵—鲁尔俱乐部之邀（经由卡尔·施密特推荐）在杜尔塞多夫做的一场题为"从欧洲视角看殖民主义"的演讲。在演讲中，他由马克思对资本主义的失败预言谈起，将 19 世纪的资本主义与当代的殖民主义相对比，提出了用给予式的殖民主义替代现行的掠夺式的殖民主义的观点。科耶夫认为，资本主义经济是一种以剩余价值为核心，用绝大多数人的贫困和被剥削换来极少数人的富裕的经济形态。马克思是这一经济形态的不遗余力的批评者，并预言这种剥削增长的方式必然会导致社会革命。但是现实中，资本主义在 20 世纪并没有如马克思预言的那样走向全面的崩溃，反而是吸取了马克思主义的批评，以福利国家的形式重新焕发出新的活力。科耶夫充分肯定了这种资本主义和社会主义的相互吸收和借鉴，进而将传统的掠夺式的殖民主义比作是 19 世纪马克思笔下的资本主义，只不过这

---

[1]   A. Kojève, «Nécessité d'une révision systématique des principes fondamentaux du commerce actuel», *Développement et Civilisations* 19 (1964)：44.

里绝大多数的穷人被换成了被殖民国家——"亚非多数派（the Afro-Asian majority）固然在绝对的意义上没有变得更加贫困（这从物质的角度来讲是绝对不可能的），但从相对的意义上来说却更加贫困了"。而少数富人则是那些试图从殖民地摄取尽可能多的剩余价值的殖民宗主国——"一个独享技术进步之利益的欧美少数派（a Euro-American minority），因为这个进步使得这个少数派的收入在年复一年的膨胀"。① 科耶夫断言，为了避免殖民主义的崩溃，避免像马克思预言的那样的革命的发生，殖民主义必须以一种理性的方式加以重构，从掠夺式的殖民主义转变成为一种给予式的殖民主义。为此，他建议西方国家可以用"这只手（比如说右手）来抽取殖民地的剩余价值，但同时用另一只手（也就是左手）将这些剩余价值甚至是更多的资本投放在一个或者多个欠发达的国家。而如果有一个这样的国家当真将所有的剩余价值甚至是更多的资本用这种方式进行了投资，那么，可以肯定的是，人们就再也没有办法在传统的意义上讨论殖民主义了。因为到那时候，人们事实上肯定已经不再攫取任何东西，甚至倒有可能在给予东西。并且当上述的国家通过这种方式所花费的比所累积的要多的时候，它甚至应该被人们称作是反殖民主义了"。②

如果说在 1940 年代末 1950 年代初，科耶夫关于政治上的去殖民化的理论和实践行动还停留在比较含糊的、模棱两可的状态，他在经济上则一直是持有一种对传统的殖民主义经济的修正态度。到了 1957 年，随着法国再次陷入阿尔及利亚战争的泥潭，随着荷兰情节的提出，随着欧洲共同市场建设的起步，殖民地的独立问题正逐渐被摆上议事日程。科耶夫再清楚不过，政治殖民主义的历史已然终结，经济殖民主义却是一个世界性的问题，并且也是一种致命的危险。

至此，我们对科耶夫在非殖民化运动中的思考与实践做了一个简略的梳理。作为一位高级幕僚（éminence gris），科耶夫对法国政府在整个非殖民化运动中的政策的具体贡献，我们无从得知。据费萨尔神父说，科耶夫参与了阿尔及利亚战争停火协议的谈判，这都刊登在《现代》杂志

---

① 科耶夫等：《科耶夫的新拉丁帝国》，第 193 页。
② 科耶夫等：《科耶夫的新拉丁帝国》，第 198 页。

上。① 可以想象，费萨尔神父应该为埃维昂协议的签订而欢欣鼓舞。这不仅是殖民地民族解放运动的胜利，也是法国的基督教—共产主义的胜利。该意识形态谴责种族中心主义，他们看到了殖民者在给殖民地人民带去他们所谓的文明成果的同时，那些当地民族文化中的特殊性被抹去了，那些曾经欢乐的民族不见了。他们主张平等地对待各种多元的文化和信仰，尊重各国的传统和风俗，促进落后国家的经济发展。这是一种真正意义上的第三世界主义。然而，科耶夫关于去殖民化的思考是不是出于这样一种第三世界主义？还是说他是在更为实用的层面上来看待这个问题？

　　首先从法国的层面上来看，在政治殖民主义上，在战后美苏两家独大的大环境下，科耶夫首先想到的是可以通过建立一个包括拉丁民族国家及她们的殖民地在内的拉丁帝国的方式，来为自己在国际上争取生存空间。此后在非殖民化运动呼声日益高涨的情况下，科耶夫宣布政治上的殖民主义已经不可能了。然而他仍然希望欧洲在殖民地通过监护的方式来维系一种形式上的殖民主义，以保证自身对该地区的影响力。在经济殖民主义上，1940 年代末 1950 年代初，科耶夫在殖民地的经济发展上有一个中心思想，就是利用美国的第四点援助计划来发展法国的海外殖民地的经济。在资金欠缺的情况下，法国应该怎样参与杜鲁门的第四点计划？科耶夫建议法国政府要说服这些持怀疑态度的人，说法国能够帮助这些国家发展电力，带去基础设备，提供奖学金，帮助他们培养自己的工程师等。法国和欧洲的政策，是能够像美国一样，帮助殖民地国家发展的。科耶夫进一步解释说，一位工程师在一个国家学习后，今后在该国下订单采购的可能性是非常大的。② 也许这才是一个用于说服法国国内对援助海外殖民地发展持保留态度的人的最好理由。科耶夫在一次与《快报》（L'Express）编辑的私下谈话中，就更加直白了，他说道："美国的第四点计划在法国海外省的应用，可以帮助我们在对殖民地的投资中攫取更多的'剩余价值'，以弥补我们法国的美元鸿沟。""但是如果美国将投资的增长放在一个欧洲的联合的框架内，那么在我看来就不那么有效了。因为一方面，非洲在吸收可回报

---

① D. Auffret, *Alexandre Kojève, la Philosophie, l'Etat, la fin de l'histoire*, p. 435.

② D. Auffret, *Alexandre Kojève, la Philosophie, l'Etat, la fin de l'histoire*, p. 437.

性投资的能力方面，至少在开始的时候，是很有限的，它最多也不足以弥补法国的美元赤字。另一方面，美国实行第四点计划，必须考虑到其他发展中国家（尤其是亚洲和拉丁美洲的），那么，美国投资法国的海外省就不如直接投给法国本土其所需的美元了。"① 显然这个谈话的内容是过于坦白了，以致科耶夫要给对方去信，要求对方不要甚至是以匿名的方式发表他的以上建议。然而如果就此说，科耶夫对于殖民地经济增长的关注是纯粹实用主义的，也是对这位法国政府的高级幕僚的苛责。作为法国对外经济和金融领域的参与决策者，维护法国利益是他不可推卸的责任。

其次，科耶夫长期参与世界关税协议谈判等一系列国际经济秩序的建设，这使他在思考殖民主义相关问题的时候具备一种世界性的眼光与观念。例如他对保护原材料的购买价格、稳定原材料市场、发展落后国家之间的相互贸易、加大对落后国家的援助等问题提出了诸多可行的建议。再如，他把殖民地的人民比作顾客，发展出了贫穷的顾客都是坏顾客的理论，从而认为如果把宗主国比作一个公司的话，如果它的顾客都是坏顾客，那么这个公司也就是坏公司，距离倒闭也不远了。科耶夫无疑比许多他的同时代人都更早地看清楚了这样一个事实，即当今世界是一个经济上紧密联系的世界，没有国家或地区能脱离别的国家或地区而独立存在。在当代，想像以前那样通过剥削一个国家而使另一个国家富裕的情况已经几乎不可能。为今之计，只能是通过共同发展来达到双赢的局面。为此他甚至在那个年代，就特别严厉地批评在香港出现的那种通过低廉的工资来实现盈利和生产力的经济发展模式，那种技术的高度工业化。在他看来，短期内，这样一个不合理的经济扩张的逻辑将会不可避免地剥削穷人，威胁到西方富裕国家的企业的竞争力。因为对于后者来说，他们不可能压低他们的劳动力成本。② 值得庆幸的是，今天，这种亚洲四小龙的经济发展模式在完成了资本的原始积累后，大部分通过转型，成功地实现了平稳增长。

最后，科耶夫在殖民地问题上的思考和实践是与其关于历史终结和普遍均质国家的理论密切相关的。科耶夫的一个基本的预设是，历史已经在

---

① Correspondance avec l'éditeur de l'*Express*, le 10 Février, 1954, NAF 28320, Fonds A. Kojève, BNF.

② D. Auffret, *Alexandre Kojève*, *la Philosophie*, *l'Etat*, *la fin de l'histoire*, p. 435.

概念中终结了，普遍均质国家是发展的趋势与目标，为了达到该目标，可以有几个中间的形态或者发展阶段，例如帝国的概念。帝国作为对民族国家的扬弃，可以整合更多的资源，包括将殖民地国家也整合进来，在帝国内进行更好的融合，从而部分实现普遍均质国家。最终几个帝国之间再通过扬弃，实现更大乃至全部意义上的普遍均质化。正是在这个意义上，加之法国舆论整体上在 1950 年代之前对非殖民化运动的反对态度，我们可以更好地理解科耶夫在那时候的一种对政治殖民主义的支持。后来随着法国在印度支那和阿尔及利亚问题上纷纷陷入战事，科耶夫才可以放心地说政治殖民主义已经不存在了。我们可以认为这是一种实用主义或者老于世故，但是科耶夫可能会回答说，政治殖民主义即使现在还能存在，最终也会被扬弃掉。这就是他的理论能够自圆其说的地方。而科耶夫在经济方面的去殖民化主张，或者按他自己的话来说，一种给予式的殖民主义，与其说是一种第三世界主义，不如说是其作为技术官僚和具有世界眼光的经济战略学家的一种前瞻性。同时，经济上的互惠互利、共同发展，也是政治上普遍均质化的一个重要因素。

第四章　科耶夫的"朋友圈"

　　科耶夫的社会交往网络一直为研究者们所津津乐道。与著名抽象主义画家康定斯基的伯侄关系有助于将他的文化资本转化为象征资本。1930年代的黑格尔导读讲座为他建立起一个包括 G. 巴塔耶、R. 奎诺、R. 阿隆、A. 布勒东、埃瑞克·韦伊、J. 拉康、费萨尔在内的高度精英化的"朋友圈",上述任何一个名字都能在法国乃至世界的思想或艺术史上占有一席之地。作为教师,科耶夫是成功的,他在学术界的声誉在很大程度上也归功于他的听众们。巴塔耶与阿隆是其中尤为重要的两位。这二人与科耶夫的联系相对密切。科耶夫手稿保存的通信中,巴塔耶的信件数量最多,时间跨度也最大。而阿隆尤其是在战后,与科耶夫在对一些政治事件的看法上几乎都会及时交换意见,他也在晚年的回忆录中如实地记录下了这些交往。这些都为研究提供了第一手的资料。此外,巴塔耶和阿隆二人均为 1930 年代受黑格尔导读讲座影响的一代人,二人却最终走向了法国政治谱系的两极,而科耶夫恰位于这两极的中间。因此,将此二人与科耶夫做一对比研究将有助于深化我们对后者的知识生产与实践的理解。

第一节　伯父康定斯基

　　亚历山大·科耶夫与瓦西里·康定斯基(Vassily Kandinsky)之间的伯侄关系在学界鲜少被提及。一位是法国黑格尔主义复兴的旗手、哲学家、政治家,一位是享誉世界的画家、抽象主义画派的创始人与主要代表,二人看似分别从属于哲学和艺术两个截然不同的领域。他们生于俄国,在十月革命爆发后相继去国离乡,先到德国,最后定居法国。流亡岁月在他们的身份认同与知识生产方面留下了不可磨灭的印记。

从莫斯科到巴黎

康定斯基与科耶夫的父亲符拉基米尔·科耶弗尼科夫是同母异父的兄弟。他们的母亲（科耶夫的祖母）吕蒂亚·提克希娃出生于莫斯科一个大资产阶级家庭，在康定斯基很小的时候与他的父亲离婚，嫁给科耶夫的祖父。符拉基米尔·科耶弗尼科夫是提克希娃二婚后所生四个孩子中的老大。康定斯基并没有因为母亲的离开而怨恨，相反，在他的回忆中，母亲"端庄，美丽，思想自由，精力充沛，'身上交织着种种优点'"。[①] 也是在母亲的鼓励下，他与科耶弗尼科夫家的兄弟姐妹们建立了联系。1902年科耶夫出生的时候，康定斯基已经 36 岁，他在 30 岁博士毕业后获得了一所大学法律系的教职，不久又辞去了这份令人羡慕的工作，到慕尼黑学习绘画，此时已经成为一名职业画家。少年科耶夫与他的伯父康定斯基一样接受了良好的教育。他的父亲符拉基米尔在 1905 年的日俄战争战场上去世，母亲再婚嫁给有英国血统的珠宝富商列姆库尔。当伯父康定斯基来莫斯科举办画展的时候，他见到少年科耶夫曾经通宵达旦地与继父交谈。"科耶夫似乎对这些谈话有着极大的兴趣，他把列姆库尔看作他的新爸爸，而后者则称他为'新果戈里'。"[②] 康定斯基对这个称呼印象深刻，在 1929 年 3 月 7 日和 1932 年 6 月 17 日的信中均提及过这个绰号。[③]

时光荏苒，康定斯基在慕尼黑的绘画事业有条不紊地展开着。他 1909 年

---

① 徐沛君编著《康定斯基》，人民美术出版社，2002，第 8 页。

② D. Auffret, *Alexandre Kojève*, *la Philosophie*, *l'Etat*, *la Fin de l'Histoire*, p. 53.

③ Vassily Kandinsky, *Correspondances avec Zervos et Kojève*, *Cahiers du musée national d'art moderne*, hors série/Archives（Paris：Musée national d'art moderne, 1992），pp. 148, 166. 蓬皮杜中心出版的这部《康定斯基：与塞沃斯、科耶夫的通信》分四部分。第一部分是康定斯基与塞沃斯的 92 封来往书信，塞沃斯是巴黎的出版商，《艺术手册》（*Cahiers d'Art*）杂志的创办人，他在 1933 年前曾积极在巴黎宣传康定斯基的绘画。这些书信以法语写成，大都为打印体。第二部分收录了五篇康定斯基在 1929～1936 年所发表的访谈、绘画理论及纪念友人的文章。第三部分为康定斯基与科耶夫的 50 封来往书信，这些信用二人的母语俄语书写，大都为手写体。后经科耶夫遗嘱执行人伊凡诺夫及其侄女库茨涅佐夫翻译成法语。第四部分是科耶夫评论康定斯基具体绘画的长篇论文。

任德国表现派社团慕尼黑新艺术家协会主席。1910 年创作出第一幅纯抽象作品。1911 年与弗朗兹·马克（Franz Marc）一起创办了《蓝色骑士年鉴》，并举办了两次蓝色骑士展览。① 一战尤其是十月革命的爆发打破了岁月的宁静。

康定斯基回到了革命后的苏维埃俄国，被邀请参与制定新政府的文化政策，出任人民教育委员会委员，公共指导委员会成员等职务。而科耶夫却在这场革命中失去了第二个父亲列姆库尔，革命为这个大资产阶级家庭带来了暴力、恐慌和动荡。科耶夫从事黑市交易银铛入狱，险些丧命。更重要的是中学毕业后，因为新的大学政策的出台，他无法进入莫斯科大学学习，科耶夫决定离开俄国。② 一年后，在新政权中颇有地位的康定斯基也在经历了新政权内部的排挤，对这个他曾经寄予希望的政府失望不已后选择了离开。无独有偶，两人把流亡第一站的目的地都选在了德国。

从 1922 年开始，科耶夫在海德堡大学读哲学，其间时常往返柏林—海德堡之间。康定斯基受邀任教于刚刚在魏玛成立不久的包豪斯学院。"他们的命运将奇怪地成为两条平行线，要到几年后才最终在巴黎和德绍交错相遇。"③

科耶夫在 1929 年 2 月 3 日重新与康定斯基取得联系所写的信中，这样解释两人长期中断联系的原因——"可能是我们家里的人都不爱写信"。④ 此时的科耶夫已经完成了海德堡的博士学业来到巴黎定居。他偶然在巴黎的扎克（Zak）画廊看到康定斯基的展览之后，提笔给自己的伯父写了一封长信。在信中他对伯父展出的近作进行了颇为详细的分析，并坦率地指出第一次看到这些画，觉得这些作品不如康定斯基 1914 年、1915 年的作品。但在看了第二遍之后，又觉得康定斯基的画正处在从具象绘画到非具象绘画的过渡阶段。文末他还向康定斯基提出了一些希望得

---

① 朱立元主编《美学大辞典》（修订本），上海辞书出版社，2014，第 506 页。第一届蓝色骑士展以及 1912 年出版的年鉴在当时并未引起特别的关注。第一次世界大战之后，有关蓝色骑士的展出和编辑活动陷入被遗忘的状态。直到 1920 年代末，人们才开始用"蓝色骑士"作为这一艺术家群体的标志，苏珊娜·帕弛：《二十世纪西方艺术史》上卷，刘丽荣译，黄凤祝校，商务印书馆，2016，第 219 页。

② D. Auffret, *Alexandre Kojève, la Philosophie, l'Etat, la Fin de l'Histoire*, pp. 77, 91.

③ D. Auffret, *Alexandre Kojève, la Philosophie, l'Etat, la Fin de l'Histoire*, p. 153.

④ Vassily Kandinsky, *Correspondances avec Zervos et Kojève, Cahiers du musée national d'art moderne, hors série/Archives*, p. 147.

到回答的问题。① 哲学家科耶夫有着良好的艺术品味，但是在康定斯基面前，尤其在画作的赏鉴上，他显得十分谦逊。他们在通信中常常交换对绘画的看法。科耶夫告诉伯父，他两年前曾经看过布拉克与毕加索的展览，他更喜欢布拉克，而不是毕加索。② 他对毕加索的评价不高，认为他的作品虽然有力量，但有哗众取宠之嫌。③ 从康定斯基的回信来看，他对与这位侄儿进行艺术理论讨论似乎兴趣寥寥，毕竟他关于艺术理论探索的《论艺术的精神》（1911）、《点、线、面》（1913）都已经陆续出版。他偶尔会发表一些对同时代艺术家的评论，例如他对毕加索的看法，④ 也愿意倾听科耶夫从哲学的角度做出的分析。

与康定斯基—塞沃斯之间的工作往来通信不同，康定斯基—科耶夫通信中，更多的是一些亲人间的闲话家常。侄子会向伯父汇报在巴黎的学习研究和工作情况。⑤ 伯父也会询问侄子的经济状况、工作情况，为他授课的成功而感到高兴，⑥ 还给予他以经济上的资助。⑦ 因为与巴黎艺术市场的联系，康定斯基在 1933 年前不时地会到巴黎来短暂旅行，也会请科耶夫代办一些将画送到画廊展出的事宜。可以说，1933 年，当德国的形势恶化，康定斯基被迫离开，选择巴黎作为他人生的下一站目的地时，部分也是因为这里有他的家人。

一位在德国学画，深受德国画坛的浸润，成长于斯，成名于斯的 67 岁老人，不得不又一次被流放，成了无国籍的人。来到毕加索超现实主义占据主

---

① Vassily Kandinsky, *Correspondances avec Zervos et Kojève*, *Cahiers du musée national d'art moderne*, hors série/*Archives*, pp. 143 – 148.

② Vassily Kandinsky, *Correspondances avec Zervos et Kojève*, *Cahiers du musée national d'art moderne*, hors série/*Archives*, p. 154.

③ Vassily Kandinsky, *Correspondances avec Zervos et Kojève*, *Cahiers du musée national d'art moderne*, hors série/*Archives*, p. 161.

④ Vassily Kandinsky, *Correspondances avec Zervos et Kojève*, *Cahiers du musée national d'art moderne*, hors série/*Archives*, p. 155.

⑤ Vassily Kandinsky, *Correspondances avec Zervos et Kojève*, *Cahiers du musée national d'art moderne*, hors série/*Archives*, pp. 147, 158, 166, 167.

⑥ Vassily Kandinsky, *Correspondances avec Zervos et Kojève*, *Cahiers du musée national d'art moderne*, hors série/*Archives*, pp. 158, 163, 166, 167.

⑦ 如在 1935 年 8 月 5 日的信中，康定斯基告诉科耶夫，画已卖出，所欠款项不必偿还，见 Vassily Kandinsky, *Correspondances avec Zervos et Kojève*, *Cahiers du musée national d'art moderne*, hors série/*Archives*, p. 172. 又如该书第 155 页，注释 3 写道："康定斯基将在此后定期借钱，实际上是给科耶夫钱资助去旅行。"

导地位的巴黎画派的中心，他面对着拉丁心灵对日耳曼精神的审视，面对着普法战争以来两国敌对情绪的日益激化。一位是在德国通过博士考试，因为无经费出版博士论文没有取得正式文凭，又因为没有法国国籍而无法在法国取得正式工作职位，不得不靠兼职工作与写作贴补家用的青年哲学家。这些通信无不见证着康定斯基和科耶夫在法国这段时间里日复一日的艰辛与不易。

抽象还是具体？

有康定斯基的研究者指出，根据他的画风，康定斯基的创作大致分为："戏剧性时期"（1910～1920 年）、"构造时期"（1920 年）、"圆的时期"（1924 年）和"具体艺术时期"四个时期。最后一个时期为什么被称为"具体艺术时期"？众所周知的是，康定斯基是抽象派大师。康定斯基本人也曾经在著述中不遗余力地阐述过自己对抽象绘画的思考，"抽象元素曾因不符合世俗理念而为人嘲笑轻视，但如今已慢慢渗入艺术当中来了。抽象艺术的逐渐发展和最终胜利是再自然不过的。当以再现为目的的艺术形式退居幕后，抽象形式便取而代之。抽象形式越自由，其所引发的心灵激荡便越纯粹"。① "有必要让人先去体验物质现象中的精神，接着才能够体验抽象现象中的精神。于是经由这种在'精神'迹象下孕育成的新能力，一种对于抽象（等于绝对）艺术的愉悦感得以产生。"② 1931 年，康定斯基在塞沃斯主办的《艺术笔记》杂志创刊号中，还应邀写了篇名为《对抽象艺术的看法》的文章，阐明他的艺术观点。他写道："抽象画家像是法庭上的被告，必须为自己辩护。他们必须证明，'无物象'绘画真的是绘画，和其他的绘画一样，有自己的生存的权力。"③ 可见，直到 1931 年，康定斯基还称自己的绘画为抽象绘画。

从抽象到具体的转变发生在 1935 年，康定斯基为阿姆斯特丹的"当代艺术文化编年史"写了一篇长文。在这里，康定斯基处理"抽象"艺术的类别，不再用"非物象""抽象""绝对"这种字眼，而是用了"真实艺术"这样的表述。他坦陈，"'抽象艺术'这个字眼不受欢迎是有道理的，因为，它说得

---

① 康定斯基：《艺术中的精神》，余敏玲译，邓扬舟审校，重庆大学出版社，2011，第 78、83 页。
② 康定斯基：《康定斯基回忆录》，杨振宇译，浙江文艺出版社，2005，第 143 页。
③ 康定斯基：《艺术和艺术家论》，吴玛俐译，重庆大学出版社，2011，第 112 页。

太少，或者容易使人混淆。所以巴黎的抽象画家和雕塑家用一个新的称呼'非具象艺术'（art nonfiguratif）替代。这和德文（无物象艺术）同义，这些字眼表示否定的部分 non 和 los 不太高明。它们把物象否定了，却没有添上新东西，很久以来，我们试着以'绝对'代替'抽象'（战前我也这样使用），事实上也好不到哪里去。我认为，最好的名字是'真实艺术'。因为这个艺术除了外在世界之外，又创造了一个新的艺术世界，一个精神自然的世界。它只能由艺术产生，是一个实在的世界。但'抽象艺术'这个老名称，已被注册入籍了"。① 而康定斯基正式用具体艺术指代自己的创作，是在 1938 年，在《二十世纪》（*XXe Siècle*）杂志②第一期刊发的他的《具体艺术》③ 一文中。康定斯基首次解释了，为何他继凡·杜斯伯格、阿尔普、比尔提出"具体艺术"观念后，也称自己的艺术为"具体艺术"。

　　"具体艺术"这个概念确实是由荷兰风格派的创始人凡·杜斯堡（Van Doesburg）在 1930 年率先提出的，他试图用"具体"来取代"抽象"，而且特指他本人与蒙德里安等人的几何抽象创作。他们还在 1931 年成立了"抽象·创造"小组。④ 其实早在 1917 年，杜斯堡与蒙德里安等人发起风格派运动时，就提出："当今，艺术形式这一概念和自然形式一样已过时。通过我们对精神形式的建构，纯粹绘画时期初显端倪。这样的绘画是创造性精神的具体化。它是具体的绘画，并非抽象的，因为没有比线条、色彩、画面更具体、更实在的了。"⑤ 瑞士人比尔对具体艺术下的定义也与杜斯堡和蒙德里安二人并无很大区别。他说："具体绘画消除所有自然具象；它唯独利用绘画的基本要素本身，色彩和表面的形式。因此，它的本质是每个自然模式的完全解放；是纯粹的创造。"⑥ 至于阿尔普本人则与康定斯基有着更为密切的关系，他从 1917 年起受康定斯基

① 康定斯基：《艺术和艺术家论》，第 139 页。

② 《二十世纪》杂志是 1938 年创办的艺术类杂志，于 1981 年停刊。

③ Kandinsky，《l'Art Concret》，*XXe Siècle* 1（1938）：36. 笔者以为 art concret 与 art figuratif 应分别译为具体艺术与具象艺术。

④ 阿纳森：《西方现代艺术史：绘画·雕塑·建筑》，邹德侬等译，天津人民美术出版社，1994，第 581 页。

⑤ 乌尔里希·莱瑟尔、诺伯特·沃尔夫：《二十世纪西方艺术史》下卷，杨劲译，商务印书馆，2016，第 20 页。

⑥ 阿纳森：《西方现代艺术史：绘画·雕塑·建筑》，第 581 页。

"即兴"理论的启发开始创作抽象绘画。阿尔普在"抽象艺术与具体艺术"中提出了"抽象艺术并不抽象"的说法。他写道："甚至远自洞穴时期，人类即开始画静物、风景及人体等。无休止地用静物、风景和人体充斥艺术，已使某些艺术家感到厌倦。也是从洞穴时期开始，人类便以他极度的自大（常导致灾难的自大）炫耀自己、神化自己，艺术就一直是人类虚假进步的同道者。有些艺术家也不满于这样一种对于世界和艺术的错误认识，因为它鼓励了人的浮夸和自傲。这些艺术家不想去摹写自然。他们不希望再制造而企望创造。他们想创造自己的产品，如同一棵树只结自己的果实，而不会再生产静物、风景或者人体。他们希望直接创造而不用通过解释者。因此，没有比抽象艺术更不抽象的了，这便是为什么凡·杜斯堡和康定斯基曾建议抽象艺术应被称为具体艺术。"①

　　我们可以沿着这个思路，继而认为康定斯基是受到风格派和"抽象·创造"小组的影响，进而将自己的绘画重新命名为具体艺术。然而，值得注意的是，科耶夫手稿里存有一份《论康定斯基的具体绘画》的法文手稿，该文在康定斯基生前并未发表，只是在其去世后，以缩减版的形式发表在1966年《二十世纪》杂志第27期的《致敬康定斯基特刊》上。研究者指出，这篇长文原本可能是康定斯基为了支持《二十世纪》杂志创刊而向科耶夫约的稿。② 手稿上显示文章于1936年7月23～25日完成。而康定斯基在8月8日给科耶夫的信中就表示，"文章收到了，因为最近太忙，只是大体看了一遍，并用俄文做了些标记"。总体来说，康定斯基第一遍读完后，对科耶夫这篇文章"有很好的印象"。③ 然而，这篇长文最终没能发表在两年后的《二十世纪》杂志创刊号上。取而代之的是康定斯基自己的《具体艺术》一文。仔细看这两篇文章，还是能发现许多共同之处。例如关于将具体绘画与印象派、表现主义、立体派进行类比，

---

① 迟轲主编《西方美术理论文选：古希腊到20世纪》下册，邵宏等译，江苏教育出版社，2005，第574～575页。

② Vassily Kandinsky, *Correspondances avec Zervos et Kojève*, *Cahiers du musée national d'art moderne*, hors série/Archives, p. 20.

③ Vassily Kandinsky, *Correspondances avec Zervos et Kojève*, *Cahiers du musée national d'art moderne*, hors série/Archives, p. 174.

用这些绘画运动从被排斥到被接受来为具体绘画进行辩护。① 而且，这两篇文章最大的共同之处就是旗帜鲜明地提出了"具体艺术"这个概念。应该说，科耶夫本人也始终没有用抽象绘画来指称康定斯基的艺术创作，他早先使用"无物象绘画"这个概念，后来干脆使用"具体绘画"。他总是试图从哲学的角度出发去反思艺术的实质，而这也正是作为画家的康定斯基很乐于与这位侄子展开讨论的基础。我们有理由认为，在康定斯基的思想从抽象艺术到具体艺术的转变过程中，科耶夫的作用不应该被忽视。那么反过来，与康定斯基关于艺术的讨论在科耶夫的哲学思考中扮演了怎样的角色？

艺术与贵族风尚

哲学家科耶夫一生没有专门撰写过有关艺术的专著，他对艺术的思考散见于一些论文和专著中，特别是集中在他与康定斯基的通信、《论康定斯基的具体绘画》、《黑格尔导读》中。在他 1929 年写给康定斯基的一封信中，我们可以看出他在评论伯父近作的同时，对绘画的思考："正如1920 年、1921 年的画一样，你最近的画给我的第一印象是不如 1914 年、1915 年的画。但是我看了第二遍之后才发现你最近的研究，所以这是过渡的阶段。从具象绘画到非具象绘画的转变不应该引发严肃的争论。艺术的目的从来不是对现实的再现，而是一种独特的审美的表达，是一种本能，这是当然的。唯一可能的争论是：艺术只是表达艺术家的主观情感，还是客观描述事物的已经存在的美的本质（艺术家不创造，只看见）？这一争论最终在哲学概念上导致了理想主义（主观的）与现实主义（柏拉图主义）的对立。我们只能在这哲学内部来解决它。我自身而言，我更同意现实主义一说。当然许多艺术家表达他们的内在情感，但是这种表达只有在被认为是客观的给定时，才成为艺术。而不是像心理行动那样，与一个具体的主体持续地相联系。（例如色情舞蹈是艺术，而爱抚就不是艺术）。"② 可见科耶夫对艺术的目的不是对现实的再现表示了肯定，并认为艺

---

① 康定斯基：《艺术和艺术家论》，第 169 页。Vassily Kandinsky, *Correspondances avec Zervos et Kojève*, *Cahiers du musée national d'art moderne*, *hors série/Archives*, p. 190.

② Vassily Kandinsky, *Correspondances avec Zervos et Kojève*, *Cahiers du musée national d'art moderne*, *hors série/Archives*, p. 143.

术是一种独特的审美表达。但他认为艺术不能单纯表达艺术家的主观情感，而是要成为一种客观的给定。这就是科耶夫所赞同的柏拉图式的现实主义。

这一思考在两年后又发生了变化，他说："如果一个新的天才出现了，他就不满足于现有的知识，要去找到新的形式。我反思艺术的实质，艺术和宗教的区别。似乎，无物象绘画有一些形而上学的基础，但这太复杂了，我们见面时我再说。"① 此时，科耶夫已经不再局限于单纯评论非具象绘画了，他的注意力转向了艺术或者艺术家与宗教的关系。而这一思考最终在 1937 ~ 1938 年的黑格尔导读课上借由讲授黑格尔《精神现象学》中关于艺术宗教一章得到了全面的陈述。

我们知道，科耶夫思考人类历史进程的主线是主奴斗争。在他看来，整个人类历史就是一部奴隶打败了主人，实现了普遍平等的承认的过程。当然，斗争不能以死亡为代价，否则获胜的一方也永远无法获得承认，斗争只能以使失败者成为奴隶而告终结。这样一来，主人的存在也是一条绝路。因为主人只能获得奴隶的承认，然而按照对人性的定义，奴隶并不体现人性的一面，因而奴隶的承认并不等同于人的承认。相反，在自然世界中，奴隶通过劳动改变自然，体现出自己的否定性，在这种劳动和否定中，奴隶获得了承认和满足，因此，世界历史最后的获胜者恰恰是奴隶而非主人。对于主人的存在困境，科耶夫想到了艺术宗教，他说："主人不仅仅能不劳动，而且也不必劳动。于是，他必须做点事情：艺术。（他'劳动'但又不是真正劳动：'脑力劳动者'。）他不仅仅在道义上必须'劳动'（亚里士多德），而且也不能做别的事：他不会真正地劳动。"② 主人作为艺术家生活，享受着审美带来的快乐，由此导致的世界，科耶夫认为是虚幻的世界。但是科耶夫认为，这种快乐不会带来满足。因为这种快乐是"抽象的"，不是人所特有的。③

而主奴斗争结束，历史终结后，人获得完全的满足，不再需要通过流血斗争去争取承认，人重新回归了人的自然性或动物性，就会在艺术、爱情、游戏中走完一生。因此，科耶夫所关心的艺术的理想主义与现实主义

① Vassily Kandinsky, *Correspondances avec Zervos et Kojève*, *Cahiers du musée national d'art moderne*, hors série/Archives, p. 162.

② A. Kojève, *Introduction à la lecture de Hegel*, p. 242.

③ A. Kojève, *Introduction à la lecture de Hegel*, pp. 243, 245.

的问题并未解决。他一再提及这个问题，例如在《论康定斯基的具体绘画》中，他说道："艺术价值难以严格地界定。主观不可避免，我所认识的虽然有主观，但还是有客观的判断。如无疑康定斯基是一位艺术家。"[1]对这个问题的解决，可能只有在绝对精神中方能实现。

　　科耶夫对艺术问题的看法，在日本之行后发生了巨大的变化。他发现，在丰臣秀吉及德川家康之后，日本成为一个统一的、闭关锁国的国家，直到 1853 年黑船来航为止，维系了两百年的国内外和平。在这期间，日本的贵族们不再进行生死斗争（也不决斗了），不再劳动，确实回到动物性的状态。日本甚至没有欧洲意义上的宗教、道德或政治。然而，日本社会中有一种纯粹的贵族风尚，它是对自然或动物性的否定，而这种否定有效地超越了那种战斗、革命或强意义上的劳动。虽然作为这一风尚发展顶峰的能剧、茶道和花卉艺术仍然是贵族和富人们的特权，日本尚处于经济和社会不平等境况中，但日本人已经在依照一种完全空洞的形式价值生活。这种价值发展的极致，是原则上日本人可以通过一种纯粹的贵族风尚而自杀，正如传统武士的剖腹自杀一般，只不过现在被类似神风突击队一样的行为取代。日本的贵族风尚与为了具有社会或政治内容的历史价值而进行的生死斗争没有任何关联。它也是去等级化、去历史化的，每个人都可以平等地是贵族风尚的崇尚者。这正是在后历史时期得以使人还能成为人，而非动物的关键所在，即虽然否定性行动不再出现，但人仍然是那个对立于客体的主体，他从内容中脱离出形式，形式的目的不再是为了改造内容，只是为了成为与自己相对立的纯形式。[2] 根据科耶夫，贵族风尚，即基于包括能剧和花卉艺术在内的"生活方式"变成了人性的最后一个理性的避难所。而且不同于尼采，也不同于传统社会之处在于，这种贵族风尚并非基于血缘或门第，而是一种无阶级的、同等地（形式价值）对所有人存在的生活方式。[3]

[1]　Vassily Kandinsky, *Correspondances avec Zervos et Kojève*, *Cahiers du musée national d'art moderne*, hors série/*Archives*, p. 190.

[2]　A. Kojève, *Introduction à la lecture de Hegel*, p. 437.

[3]　参见肖琦《承认的几个维度——以科耶夫与福山为中心的探讨》，《浙江学刊》2017 年第 5 期，第 73~79 页。

科耶夫在写作《论康定斯基的具体绘画》时，尚未开始在巴黎高等研究实践学院的黑格尔导读讲座上讲授《精神现象学》中的艺术一章。[①]当然我们可以认为他对艺术的哲学思考很早就开始了，[②] 但是无疑，《黑格尔导读》中对艺术与艺术家的全面思考最能代表科耶夫对艺术的反思。他在第二版序言中所补充进去的对日本艺术的观察更是值得我们重视。科耶夫所说的"一种纯粹形式的价值"指的是一种空洞的，无阶级的生活方式，而并非指康定斯基的具体绘画。如果我们细读《论康定斯基的具体绘画》一文，会发现文章中对批评家的反击，包括对超现实主义者的批评无不体现出科耶夫对康定斯基的维护，[③] 而就整体行文来看，甚至能得出这样的印象，这是一次黑格尔辩证法的练笔之作。[④]

康定斯基在巴黎受到主流画坛的排挤，[⑤] 晚景凄凉。他没想到的是，他为之奋斗了一生的抽象绘画（尽管他后来受到一些抽象画家和科耶夫的影响，改用具体绘画来称呼）在他死后，在二战结束后的 15～20 年中独占鳌头。"存在主义哲学是其滋生的肥沃土壤，屡见不鲜的解释——经历了战争的恐怖后，具象绘画不再适宜——也不无道理。具体的乌托邦愿景显得极其不可信，日常生活也被逐出艺术。"[⑥] 康定斯基妻子尼娜在回忆录《康定斯基与我》中两次提及科耶夫，说："科耶夫喜欢康定斯基的绘画，并且有专业的评论。"她还向科耶夫在康定斯基去世后对自己的帮助表示了敬意——"科耶夫在我困难的那段时间表现出了忠诚"。[⑦] 康定

---

① 对艺术的阐述集中在 1937～1938 学年的课程中。

② 确实，他在 1931 年的信中已经透露出想要研究艺术与宗教的区别，Vassily Kandinsky, *Correspondances avec Zervos et Kojève*, *Cahiers du musée national d'art moderne*, *hors série/Archives*, p. 162。

③ 最初康定斯基受到了巴黎的欢迎，后来由于与超现实主义画派产生分歧，他从 1936 年开始被边缘化。超现实主义画家中只有布勒东去康定斯基讷伊的居所看望过他。徐沛君编著《康定斯基》，第 131 页，又见 Vassily Kandinsky, *Correspondances avec Zervos et Kojève*, *Cahiers du musée national d'art moderne*, *hors série/Archives*, p. 19。

④ 甚至有人说他这是哲学唯心论的诡辩，见 D. Auffret, *Alexandre Kojève*, *la Philosophie*, *l'Etat*, *la Fin de l'Histoire*, p. 283。

⑤ 这与他对苏维埃革命的反对态度有关，在当时的主流画坛，革命具有相当的合法性。

⑥ 乌尔里希·莱瑟尔、诺伯特·沃尔夫：《二十世纪西方艺术史》下卷，第 51 页。

⑦ Vassily Kandinsky, *Correspondances avec Zervos et Kojève*, *Cahiers du musée national d'art moderne*, *hors série/Archives*, p. 175.

斯基于 1944 年 3 月查出动脉硬化，彼时的巴黎被德军占领，而科耶夫正在南方城市里昂逃难。他从里昂写给伯父的信，仍然在询问着康定斯基的病情。[①] 隔着隆隆的炮火声，我们能看出伯侄间那一份危难中的真情与牵挂。

第二节　乔治·巴塔耶：反思黑格尔

辩证法：与黑格尔的第一次交锋

巴塔耶年长科耶夫五岁。1924 年，当巴塔耶获得了法国国立文献学院[②]的文凭并结束了在西班牙的留学，顺理成章成为法国国家图书馆管理员的时候，科耶夫还是海德堡大学的一名博士生。与我们一般熟知的叙事不同，巴塔耶并非通过科耶夫的研讨班偶然发现了黑格尔。巴塔耶在 1927～1932 年就接触到黑格尔，陆续读过黑格尔一些作品，发表过一些关于黑格尔的研究论文。1931～1933 年，俄裔哲学家科瓦雷在巴黎高等研究实践学院开设"现代欧洲宗教思想史"课程，并在 1932～1933 学年的该课程中专门讨论了黑格尔的宗教哲学。从课程档案来看，巴塔耶在第一年作为旁听生与正式学生科耶夫一起出现在这门课上，第二年则与科耶夫一起作为正式注册学生选修了该课。[③]

当时巴塔耶除了已经出版了几本代表性的小说（包括《眼睛的故事》《太阳肛门》）之外，还是几个左翼文化和政治圈子的核心人物。[④] 巴塔耶经由共产主义萌发了对黑格尔的研究兴趣，这在当时的精英知识分子中具

---

① 1944 年 5 月 15 日、5 月 27 日通信，Vassily Kandinsky, *Correspondances avec Zervos et Kojève*, *Cahiers du musée national d'art moderne*, hors série/*Archives*, pp. 174 – 175。

② 法国国立文献学院（Ecole Nationale des Chartes），法国的著名高等学校，是世界上最早的正规档案教育机构之一，被誉为欧美国家的第一代档案学院。

③ Alexandre Koyré, *De la Mystique à la Science*, *Cours*, *Conférences et Documents*, *1922 – 1962*, pp. 86 – 87.

④ 巴塔耶与卡尔·爱因斯坦（Carl Einstein）等人创办了《文献》（*Documents*）杂志（1929～1931），任秘书长。《文献》主张在艺术分析中加入人类学的内容，实现艺术家与学院派学者之间的对话，以区别于当时先锋的超现实主义运动。巴塔耶还是民主共产主义社团（Cercle Communiste Démocratique，简称 CCD）的主要成员之一。该组织正式创立于1930 年，创建者是前法共创始人之一的鲍里斯·苏瓦林，主要成员包括雷蒙·奎诺、西蒙娜·韦伊（Simone Weil）等，还有一些卢森堡主义者。该社团捍卫马克思主义信仰，但并不认同苏联，他们认为苏联是一个建立在新的阶级划分基础上的非社会主义国家。

有一定的代表性。1932 年他与奎诺合作发表文章《黑格尔辩证法基础批判》。文章的主要观点是：辩证法不一定要建立在自然科学或者纯粹逻辑的基础上。相反，可以从分析人的生存体验开始，通过否定的否定和强力的行动来实现。为了得出这个结论，作者们首先分别梳理了黑格尔本人关于辩证法问题和马克思、恩格斯在此问题上的相关论述。黑格尔认为"自然在实现概念方面的无力为哲学设定了限制，即是说，为那些正在生成的事物的辩证建构设置了限制"。对黑格尔来说，"自然是理念的失败，是否定，同时是反叛和一种无意义"。① 巴塔耶写到，恩格斯花了八年的时间准备自然辩证法理论，但是在 1885 年《反杜林论》的第二版序言中，恩格斯还是放弃了在自然中建立一般法则的希望。显然，论证自然辩证法是一个非常棘手的难题，黑格尔和马恩都没有很好地解决，后来的评论者们对这个问题也是避之尤恐不及。但是这也恰如列宁所说，在这种情况下，才要对唯物辩证法加以研究，因为唯物辩证法不是一个已经建构好的东西，而是一个有待实现的教义。②

尼古拉·哈特曼（Nicolai Hartmann）处理黑格尔辩证法的方法被巴塔耶认为是可以借鉴的。③ 他不仅不再谈论普适性，而且从一开始就认为辩证法不能被应用于自然领域。他所辩护的辩证法既不是来自逻辑学也不是来自自然哲学，而是来自法哲学、历史哲学和精神现象学。他用以建构其概念的第一个例子既不是麦粒也不是土地，而是阶级斗争、主人与奴隶。④ 结合马恩与哈特曼对辩证法的论证，巴塔耶和奎诺认为，"问题不是去排除辩证法思想，而是去了解它应用的限度在哪里"。⑤

由此，受到精神分析学影响的巴塔耶和奎诺认为，也许可以通过将辩证法应用于精神分析领域的实践，从而再反哺到辩证法的基础上来。

---

① Georges Bataille, « La critique des Fondements de la Dialectique Hégélienne », *Deucalion*, *Etudes Hégéliennes* 5（1955）：47.

② Georges Bataille, « La critique des Fondements de la Dialectique Hégélienne », *Deucalion*, *Etudes Hégéliennes* 5（1955）：48，50.

③ 尼古拉·哈特曼（1882~1950），德国哲学家，现象学伦理学的奠基人之一。

④ Georges Bataille, « La critique des Fondements de la Dialectique Hégélienne », *Deucalion*, *Etudes Hégéliennes* 5（1955）：46.

⑤ Georges Bataille, « La critique des Fondements de la Dialectique Hégélienne », *Deucalion*, *Etudes Hégéliennes* 5（1955）：55.

例如在对现实关系的分析中，人从小孩、少年、成年到老去的过程，可能找不到任何的对立关系。然而从精神分析的角度来说，人类一开始是被父亲强加给他的用于克服冲动的"禁忌"而限制住的。在这种情况下，人会无意识地想象父亲的死，同时那种被父亲权威压迫下的去势般的气质背后蕴含着一种反抗父权的强烈欲望，甚或是死的欲望。在大多数情况下，这个儿子的否定性远非其生活中的性格，这是一种很矛盾的呈现。但正是这个否定性使得儿子占据了父亲的位置。重要的是，这一主题导致每个人都建构了自己的生存经历。进而，辩证的发展成了实际生存的要素。① 当然这个否定性永远无法完全实现，只能通过推演来理解。这里的"禁忌""抑制冲动"虽然是精神分析学的术语，但它的资源却来源于自然。所以巴塔耶说，问题不在于精神与物质的二元论，因为辩证法所考察的对象都是自然界最复杂的事物。问题在于必须首先抛弃唯灵论的庸俗的假设，让辩证法进入精神分析学当中来，才能够观察到。巴塔耶想论证的是一种区别于自然科学和纯粹逻辑的，一种建立在生存体验基础上的，一种被结构注定了的思考方式或者辩证法的基础。

可见，巴塔耶与黑格尔的第一次交锋，一方面是经由法国左翼知识分子对马克思主义（特别是辩证法）的兴趣而发生的。另一方面，我们也要看到这一相遇发生在法国思想界在一战后兴起的对传统理性主义进行反思的大背景下。正如德贡布观察到的，对辩证法的看法，在1930年代前后呈现出一个断裂式的变化。在此之前，它是在贬义上被理解，此后，它总是被用在褒义上。② 巴塔耶与奎诺对辩证法的辩护，为这一断裂式变化做出了完美的注释。

科耶夫式黑格尔的魅力

与巴塔耶不同的是，在俄国的哲学复兴运动中成长起来的科耶夫对德国古典哲学并不陌生。他在海德堡大学的博士论文是用谢林的古典哲学思

---

①   Georges Bataille, «La critique des Fondements de la Dialectique Hégélienne», *Deucalion*, *Etudes Hégéliennes* 5 (1955): 57.

②   德贡布：《当代法国哲学》，第14页。

想去沟通索洛维约夫的宗教哲学。[①] 到巴黎后，科瓦雷引领他走进黑格尔研究。当然，科耶夫的黑格尔反思是建立在对佛教、海德格尔与马克思的解读基础上的，与后两者的争论和探讨帮助他进一步廓清了其与柏拉图主义者之间的差异。

科耶夫讲授的《精神现象学》最终获得了巨大成功。从 1934 年到 1939 年，巴塔耶成为每周一下午 5 点半在巴黎高等研究实践学院举办的黑格尔导读讲座的常客。他虽然从不是一个勤奋的旁听者，有时还会睡着，但无疑从中获益匪浅。按照奎诺的回忆，在写完《黑格尔辩证法基础批判》之后，巴塔耶几乎不再怎么提及黑格尔。然而经过对讲座的学习，他找到了一个不同的黑格尔。[②] 巴塔耶自己也说，"科耶夫的课让我精疲力尽，它把我捣碎，十几次地把我杀死"。[③] 科耶夫对黑格尔的解读究竟有什么特点或魅力，能让巴塔耶做出这样的评价？除了前文中已经提及的他关于导读书目（《精神现象学》）的成功选取，以主奴斗争辩证法为主线构建人类历史进程，以及对黑格尔做出一种马克思主义的解读之外，还需要看到的是，20 世纪上半叶，法国左翼知识精英对黑格尔的关注和接受，还与他们对自笛卡尔以来传统理性主义的反思密切相关，正如梅洛-庞蒂所说："他（黑格尔）开始着手解释非理性，并将它整合入一个庞大的理性之中。这仍是我们这个世纪的主要任务。"[④]

1937 年，巴塔耶与米歇尔·莱里斯（Michel Leiris）[⑤]、罗歇·凯卢瓦一起创立了社会学学院（Collège de Sociologie）。两年中，他们组织一些学者在盖-吕萨克路上的书店里，每个月举行两次聚会，探讨关于宗教制

---

① 科耶夫的博士论文缩减后以《La Métaphysique Religieuse de Vladimir Soloviev》为名分两次发表在 1934～1935 年的 *Revue d'Histoire et de Philosophie Religieuses* 杂志上（n°6，pp. 535 - 544；n°1 - 2，pp. 110 - 152）。中文版由笔者译出，见科耶夫《符拉基米尔·索洛维约夫的宗教形而上学》，肖谭译，《海权沉浮——大观》，广西师范大学出版社，2015，第 165～237 页。科耶夫在文中屡屡提及黑格尔。当然，由于笔者未能读到博士论文原稿，而这个缩减版是在黑格尔导读讲座开始之后发表的，所以在他的博士论文中黑格尔具有多大的重要性是存疑的。

② Raymon Queneau，«Première Confrontation avec Hegel »，*Critique* Aug - sept（1963）：699.

③ Stuart Kendall，*Georges Bataille*，p. 92.

④ 转引自崔唯航《穿透我思——对科耶夫欲望理论的存在论研究》，第 18～19 页。

⑤ 米歇尔·莱里斯（1901～1990），法国作家、诗人、人类学家、艺术批评家，早年受马克思主义影响，与巴塔耶、毕加索、萨特等人都有密切交往。

度和社会运动方面的话题，直到 1939 年 7 月停止活动。根据凯卢瓦的回忆，在社会学学院创立之初，"我们就曾经试图请求科耶夫的帮助，大家都知道，他是当时在法国的黑格尔的主要评论者。科耶夫对我们这代人影响极大。我必须说我们的计划（指建立社会学学院的计划——笔者注）并没有得到科耶夫的支持。我记得是这样。我们是在巴塔耶位于雷恩路上的家中向科耶夫解释了我们这个计划的，科耶夫听我们说完，但否定了我们的想法。在他眼中，我们会把自己放在一个企图用自己的魔术伎俩使自己相信魔法的位置上"。① 但令人意外的是，在社会学学院成立之后，科耶夫应邀前来发表了一篇题为"黑格尔的概念"的演讲。② 这次讲座让他们目瞪口呆，无不惊叹于他的思想的魅力和结论。科耶夫对他们说，"你们可能记得黑格尔说过骑在马背上的是历史终结的人。对于黑格尔来说这个人是拿破仑……但是一个世纪过去了：这个历史终结处的人不是拿破仑而是斯大林"。③

科耶夫对辩证法、二元论、阶级斗争及将《精神现象学》构建成一部哲学人类学著作的处理，处处都回应了巴塔耶在《黑格尔辩证法基础批判》等一系列文章中的核心关切。在重新回到黑格尔之后，巴塔耶又如何看待科耶夫式的黑格尔？

捍卫还是反对黑格尔？

科耶夫在社会学学院演讲的讲稿已无从找到。④ 有趣的是，讲座结束后两天，即 12 月 6 日，巴塔耶给科耶夫写了一封信，信中他对科耶夫演讲的内容进行了评论与反驳，该信作为附录后来公开发表于 1947 的《有罪者》（Le Coupable）一书中。此信可以被视为科耶夫与巴塔耶第一次见诸报端的正面思想交锋。

信中，巴塔耶着重对科式黑格尔的否定性概念进行了辨析。他首次提

① Dénis Hollier, *The College of Sociology* (*1937 – 1939*) (Minneapolis: University of Minnesota Press, 1988), p. 86.

② Stuart Kendall, *Georges Bataille*, p. 143.

③ Dénis Hollier, *The College of Sociology* (*1937 – 1939*), p. 86.

④ 在整理社会学学院讲座讲稿时，这篇科耶夫的演讲是空稿，编者从 1936 ~ 1937 年《精神现象学》讲座的讲稿中节取了第六章最后一部分的文稿补录上去。

出了"无用的否定性"（négativité sans emploi）概念，用以批评在科耶夫那里已经物化为艺术品、游戏或宗教的否定性。在科耶夫看来，否定性在历史终结后，或者说在奴隶成为主人之后就不再有实质意义上的存在了，后历史时期的人只剩下了艺术、游戏等活动。巴塔耶认为否定性可以被物化，但无论是艺术作品还是宗教，它的否定性都不是它作为行动的推动力进入工作状态时的那种否定性了。相反，它被引入一个虚无化的过程当中。否定性的物化实际上就是一种无用的否定性。事实上，有无用的否定性的人，在艺术作品中没有找到关于自己是谁的答案，就只能成为被承认的否定性的人。他知道他的行动已经没有任何用处了。他已经成了没有内容的否定性。既然如此，人们就很容易在一开始就把这个否定性抛弃，不再有面对否定性时的那种压力，否定性的有效性就会被提前透支。[①]

与此相对的是另外一种人。这种人从行动的观点出发，发现了在一个无所事事的世界上还有一些事情可以去做，如情感、色情、物理的摧毁、眼泪、恐惧等。但这样去做的代价或者说面临的抵抗并不比之前的那些无用的否定性的人来得少。这个抵抗至少有两个阶段，第一个阶段是纯粹的规避，因为没人知道在面对他人时他会怎样，就像一个人在一片黑暗的世界里一样。在他周围的人，都害羞地避开，迅速逃离到黑的那一边去。只有当足够多的生活在黑暗中的人认识到这个问题时，这个问题才会被呈现出来。所以在这个阶段，这样行动的人开始时注定是孤立的，冒着被人指责为道德败坏的危险。如同《眼睛的故事》里的女主人公西蒙，她和情人及死尸一起纵欲，她享用生的公牛的生殖器官，后来又强奸了一个牧师，并把他的眼睛挖出来猥亵。就是这样一个疯癫的人，巴塔耶却说她是纯洁的甚至是贞洁的象征——她的行动没有任何功利性的考量，[②] 这才是真正的否定性。黑暗中的人们都对西蒙加以谴责，加以规劝，如果西蒙的行为没有得到一定数量的人的认同，即得不到任何援助的话，她就将进入第二个阶段——物理性的毁灭。在这个阶段，如果反对的力量还是

---

① Dénis Hollier, *The College of Sociology（1937－1939）*, p. 91.

② 莎蒂亚·德鲁里：《亚历山大科耶夫：后现代政治的根源》，赵琦译，新星出版社，2007，第192页。

大于她，她本人就会消亡。这就是站在无用的否定性的对立面的人所要付出的代价。①

巴塔耶创造的"无用的否定性"十分形象地显示了否定性在科耶夫那里的终结与在巴塔耶那里的不甘寂寞。与理性主义哲学家们建立在形而上基础上的批评不同，巴塔耶毅然宣布自己的这一结论首先来自自己的一种内心体验。即，他感到自己的否定性并没有终结，而自己也并没有像科耶夫所描述的那样，成为后历史时期的可以被忽略不计的无所事事的人。② 尤其是在 1938 年他的伴侣洛尔（Laure）③ 病逝后，巴塔耶越来越多地表现出一种否定性，甚至开始了一些神秘的训练。这种神秘主义与一种自我消亡的欲望相关，即对死亡的赞颂。在 1939 年 6 月的那期也是最后一期《阿塞法勒》（Acephale）④ 上，巴塔耶发表《面对死亡的快乐实践》一文，汇集了他所有的相关练习的体验与思考。⑤

奎诺写道："在 1943 年的《内在体验》一书中，巴塔耶用了几页的篇幅来写黑格尔，这是一种形式的再见。这不再是抽象的和理性主义的简化的黑格尔……这是科耶夫的黑格尔，绝对知识和循环体系的黑格尔，是那个必须提及海德格尔的黑格尔。在书的 170 页，巴塔耶承认科耶夫对他的启示。他同时指出了克尔凯郭尔对黑格尔的批评是如此肤浅，也指出了那个他满心欣赏的尼采是如此平庸。"⑥ 事实上奎诺可能错了，巴塔耶并没有在 1943 年就告别黑格尔，告别科耶夫。巴塔耶档案中存有一份长达

---

① Dénis Hollier, *The College of Sociology*（1937 - 1939），p. 92.

② 巴塔耶在 1937 年致科耶夫的信中说，"我承认从现在开始历史终结了。我的经验告诉我，没什么事儿可以做了。正如黑格尔说的，行动是否定性的话。问题是否定性是否是一种无用的否定性。就我个人而言，是的。但我的个人生活，生活中的伤口，正是对黑格尔这个封闭体系的反驳"。Philippe Sabot,《Bataille, entre Kojève et Queneau: le désir et l'histoire》, *Le Portique* 29（2012）: 19 - 35.

③ 原名科莱特·佩尼奥（Colette Peignot, 1903～1938），法国女作家。早年积极参加法国共产主义运动，被誉为法国文学和政治界先锋派圈子中的缪斯，是巴塔耶的阿塞法勒秘密社团的核心人物。她的去世对巴塔耶思想的转变影响巨大。

④ 《阿塞法勒》（1936～1939），巴塔耶创办的一本杂志和一个秘密社团的名字。该秘密社团组织进行一些仪式、冥想等秘密活动，并要求社员对此保密。

⑤ Philippe Sabot,《Bataille, entre Kojève et Queneau: le désir et l'histoire 》, *Le Portique* 29（2012）: 19 - 35.

⑥ Raymon Queneau,《Première Confrontation avec Hegel 》, *Critique* Aug-sept（1936）: 700.

66 页、题为《当今世界的黑格尔》的论文，是关于科耶夫思想的系统评述。① 在这份手稿中，巴塔耶延续了此前对死亡的关注，较为系统地梳理了科耶夫—黑格尔思想中关于死亡的论证，并在此基础上进一步发展出献祭的理论。该文可被视为巴塔耶与科耶夫之间关于黑格尔的最后一次论争。

巴塔耶在同意科耶夫全部的关于死亡在黑格尔哲学中的重要性的论述的基础上，认为，"科耶夫只是简单地说无力的美无法去迎合知识的要求。美学家、浪漫主义者、神秘主义者们都逃避死亡这个概念，而是将虚无本身当作一个存在来谈论"。② "事实上，科耶夫对我来说，未能在传统的神秘主义之外设想出一种有意识的神秘主义，一种从虚无中创造出存在的神秘主义。"③

从人的向死而生出发，科耶夫式的黑格尔是让人的否定性去推动人的创造性活动，从而成为意识到自己是否定性的真正的人，成为圣人或者重新遁入动物世界的人是这个推论的逻辑终点。但是这样一来，所有接近这个终点的努力都被认为是有目的性的，从而带上了奴性的色彩。且人并不可能在经历了死亡或者说物理的摧毁之后还能获得一种对死亡的恐惧。所以在巴塔耶看来，科耶夫思想中，奴隶对主人的恐惧都是作者为了进行其理论建设而使出的花招，更多描绘的是军事主权（souveraineté）。事实上，还有一种形式也许能比那些人为的花招更能使人直观死亡，这就是献祭。在先人们那里，在今天的南美洲丛林的部落里，保留着献祭的风俗。人们通过贡献各种动物甚至是人作祭品，摧毁自己动物性的部分，使自己和动物只作为非肉体真实而存在。所以，一方面，在死亡中，死亡触碰到了肉

---

① Bataille, Hegel dans le Monde Présent, NAF28086, Fonds Georges Bataille, BNF. 从中抽取出来的《黑格尔、死亡和献祭》一文发表于 1955 年第 5 期的《丢卡利翁》杂志中。这篇长文应当是写于科耶夫的《黑格尔导读》即将出版之际，巴塔耶在其中写道："科耶夫在巴黎高等研究实践学院教授六年的黑格尔哲学即将由奎诺出版了。奎诺将自己的听课笔记和讲座的一部分有意思的内容的速记整理成书。这个出版没理由让人不高兴。如果没有事先准备的话，这 600 页表面上无序的论述很容易使人灰心丧气。眼前的这篇文章并不想替代导读，但是我试图依照原本的顺序描绘一下这一并不新的哲学的概况。这一哲学一夜间复兴了黑格尔思想。我认为，它也是今天唯一一个能够完全揭示出有意识的人与整个世界面貌的哲学。"

② Bataille, Hegel dans le Monde Présent, NAF28086, Fonds Georges Bataille, BNF.

③ Bataille, Hegel dans le Monde Présent, NAF28086, Fonds Georges Bataille, BNF.

体存在。另一方面，在献祭中，人的生命经历了死亡。从而，献祭的人们可以将自己认同于那些被献祭的动物，体会死亡。当然这种献祭和那些宗教的仪式有着很大的不同，因为后者服从于一定的功利性的目的，而前者则是一种纯粹的非生产性的消费。在黑格尔和献祭的人之间有一个深刻的差异，黑格尔或黑格尔笔下的圣人意识到否定性的呈现。但是献祭的人没有意识到这一点，所以他保持生命不仅因为生命对于呈现死亡是必需的，还因为他试图去丰富生命。

当然，巴塔耶并不认为回到古代社会或者是古老的部族里的献祭是必须的，他认为在现实世界里，献祭可以通过诸如色情或暴力的狂喜来体现。这个转换是通过快乐和撕裂（déchirement）① 来进行的。在科耶夫的人类学叙事中，死亡的概念并没有提升人的福利，死亡并不能给人以快乐。相反，他认为要使人成为真正意义上的人，最关键的就是要克服任何庸俗的满足或者快乐。在性欲是一种庸俗的满足或人的动物性本能的意义上，科耶夫无疑反对滥情和纵欲。科耶夫认为人只有在意识到自己终有一死，意识到自己存在于一个没有超越性的宇宙间的时候，才能确认其自由，历史性和个体性的唯一性，才能为人所承认。巴塔耶反驳说，一方面，如果说科耶夫这是竭力将庸俗的满足从人之所以为人的逻辑中排除的话，他同时也排除了黑格尔的"绝对的分裂"。因为根据黑格尔，真理只有在绝对的分裂中才能呈现出来。一旦将庸俗的满足或快乐剔除出去，那么就留下承认的欲望与分裂了，而这两者是难以妥协的。而在献祭中，满足却能够与分裂相融合，同时又确保了否定性的存在。另一方面，在色情和暴力的狂喜中，对禁忌的打破通过一种原罪的感觉关联着死亡的意识，同时又与快乐密切相关。而巴塔耶《眼睛的故事》里的女主人公西蒙，正是这样一个打破了可以说所有的禁忌，甚至突破了人类道德所能承载的最底线的存在。毫无疑问，这样一种在科耶夫看来根本还没有脱离动物性的存在，绝对不会是否定的劳动和生产，并创造着历史的大写的人的存在。

---

① 这个词在巴塔耶的原文中用的是 déchirement，有撕裂、分裂的意思。英译者翻译为 dismemberment，意为分解、肢解，但正如英译者自己所言，这一翻译并没有很好地表达出撕裂这一层意思。

在科耶夫与巴塔耶的论争中，科耶夫受到佛教无神论、海德格尔的存在主义和哲学人类学的影响，他对黑格尔的信仰（虽然不是忠实于原文本的）和对历史终结论的阐释使他不得不一直就现实历史的演进，为科式黑格尔做辩护。而巴塔耶的思想资源是精神分析学、天主教信仰和内心经验，最终在否定性、死亡等问题上，巴塔耶与科式黑格尔分道扬镳。他用"无用的否定性"去反对科耶夫强意义上的否定或行动的停止。在 20世纪 30 年代的大背景中，这种永恒的否定性①使我们想到同时期存在主义运动标志性人物萨特的"否定的否定"。萨特不能容忍巴塔耶对上帝之死保有如此的遗憾。对"存在主义就是一种人道主义"的萨特来说，上帝的死宣告了人的地位的上升，宣告了一种不受任何限制的人类自由和责任，神谕必须让位于人类理性。然而巴塔耶对人的意志的信心却始终没有高过他对上帝的信仰。② 巴塔耶与科耶夫或科式黑格尔（还可以加上萨特）在这个问题上的分歧是根深蒂固的。对于曾经笃信天主教的巴塔耶来说，他很难不给神秘主义留出一点空间。即使面对的是系统研习过新教神学的黑格尔，巴塔耶也认为，由于他缺少天主教的经历，可能无法体会到一个虔诚的天主教徒所能够感受到的所谓的内在意义或神秘主义。这就是为什么巴塔耶看到的总是黑暗中的污秽、野蛮和罪恶，而他在论证"无用的否定性"时也多次提到原罪的比喻。③ 他的死亡、献祭，一切都是为了脱下人类理性的和善的假面具，揭示出隐藏在此下的罪恶、疯癫和狂喜。

科耶夫以他的天才魅力在 1930 年代对《精神现象学》进行了一种上帝启示般的解读。他的《黑格尔导读》成为年轻一代阅读黑格尔著作的开始。科耶夫一生都在为黑格尔的体系（也是他自己的体系）辩护。福柯曾说，"无论通过逻辑还是现象学，无论通过马克思还是尼采，我们整个时代都为摆脱黑格尔而战"。④

巴塔耶从 1920 年代末第一次与黑格尔相遇，到被科耶夫研讨班重新

---

① 莎蒂亚·德鲁里：《亚历山大科耶夫：后现代政治的根源》，第 191 页。
② Stuart Kendall, *Georges Bataille*, p. 170.
③ 科耶夫也意识到原罪在巴塔耶思想中的重要性，因此在巴塔耶去世后向他致敬的文章中，专门讨论了原罪问题。见 Kojève, Pierre Klosowski, «Thèses Fontamentales sur le Péché», *Arc* 32（1967）：77 – 90。
④ 转引自德贡布《当代法国哲学》，第 16 页。

激发起对黑格尔的研究热情，到后来写作《内在体验》，告别黑格尔，走向神秘主义或内在意义。他与科耶夫保持了终生的友谊和亲密的合作，①但是事实上他可能终究并未摆脱黑格尔。正如老友奎诺所说："《内在体验》一书更是在向黑格尔致敬。他通过一条不同的反思路径，写了一本类似的书。""在 20 年中，他都在对抗黑格尔，或者说对抗法国哲学界发现的不同的黑格尔。最后他发现了真理，成了非黑格尔主义者，然而他知道正是在了解了那个无与伦比的知识体系之后，他才产生了这个意识。"②需要指出的是，法国思想土壤中的天主教传统、精神分析学和人类学及其已有的历史理论与黑格尔的新教信仰、自然哲学、历史哲学之间的对立也是法国思想家们在接受黑格尔、将黑格尔改造成适应他们需要的理论，甚或是拒绝黑格尔的过程中所不可忽视的。

第三节　雷蒙·阿隆：政治行动与道德

据阿隆回忆，他是科耶夫黑格尔导读讲座最后一年才开始去旁听的。他认为在科瓦雷、韦伊、科耶夫三才子中，科耶夫无疑最有才华。这种才华不仅体现在其授课的精湛技艺上，还体现在他对一系列重大政治事件的把握上。例如，在苏联干涉匈牙利事件上，"科捷夫（即科耶夫——笔者注）用寥寥数语就阐明了自己的看法，萨特却连篇累牍地加以评论，似乎他的世界观全被打乱"。③ 阿隆认为科耶夫比萨特聪明之处就在于，他不像后者那样任由道德主导政治的激情从而限制了观察事物的眼界。

政治问题不是道德问题

政治与道德的分道扬镳被普遍认为是古代与现代政治哲学的分水岭。

---

① 巴黎沦陷后，科耶夫在南逃之前，曾经把自己一叠名为《索菲亚：哲学与现象学》的手稿交给巴塔耶保管，足见他对巴塔耶的信任。战后，出版人巴塔耶也经常向当时已经进入政府部门工作的科耶夫约稿，探讨问题。

② Raymon Queneau, «Première Confrontation avec Hegel », *Critigue* Aug-sept（1936）：700.

③ 雷蒙·阿隆：《雷蒙·阿隆回忆录——五十年的政治思考》，第 124 页。

在西方古典时期，城邦的政治生活与道德生活是一体的。城邦的公民通过参与政治生活实现了伦理与道德的满足。到文艺复兴时期，马基雅维利通过主张在政治中剔除道德因素而开启了现代政治哲学与现代性。他认为政治家应当不受任何道德准则的束缚，不择手段去实现自己的目的。马基雅维利主义由此也成了人们在反省现代性问题，探讨道德与政治关系时的一个重要参照物。

阿隆晚年在回忆录中提及他年轻时写的一句话——"政治问题不是道德问题"，并说，"这句话到了今天，仍然可以由我签名"。① 阿隆这句话的问题意识与马基雅维利问题的出发点并无二致，稍有不同的是，它是对 1930 年代法国知识界和平主义思潮的反省。两次世界大战之间，"要和平不要战争"的呼声在法国的知识界应者众多。经历了一战的苦难后，人们尤其是有着德雷福斯传统的法国知识分子纷纷举起了和平主义的大旗。他们或者拒绝从军作战，或者拒绝当军官，或者主张无政府主义。与此同时，在德国，随着纳粹法西斯的上台，要求平等、减少战争赔款、突破凡尔赛条约的呼声不断出现。阿隆在德国访学的那几年，目睹了德国军国主义化的全过程，由此，他最初关于和平主义的既向往又矛盾的复杂情绪在《论全盘和平主义》一文中得到全部的表达——"政治问题不是道德问题"。正常情况下，国家之间要求平等是公平合理的，但德国对凡尔赛体系的打破是对既有国际秩序的挑战，因此，和平不是加强了而是出现了危机，此时就不能够再用一般的和平主义或公理正义来度己待人。

当然，阿隆也说这句话并没有那么绝对，政治行动只有在广义上与道德联系起来才是有意义的。"任何政治，都必须具有合乎道义的目标，或者有人喜欢这么说，由道德准则规定的目标。但是，目的也罢，手段也罢，都不是考虑了道德后得出来的，或者说，不完全根据道德。"② 这也成为阿隆批判他曾经的"小伙伴"、后来反目的论敌——萨特的重要依据。阿隆认为，萨特狂热地信奉共产主义意识形态，拒绝对它的任何修改，甚至不考虑具体的历史情景，这种极端的、自发的道德主义与康德主

---

① 雷蒙·阿隆：《雷蒙·阿隆回忆录——五十年的政治思考》，第 99 页。
② 雷蒙·阿隆：《雷蒙·阿隆回忆录——五十年的政治思考》，第 72 页。

义是极其脆弱的。萨特对政治行动中行动意向与意义的一致性要求使他坚持历史事件的意义取决于行动者的意向。这也可以解释为何苏联坦克开进匈牙利后，萨特甚至会感到有些手足无措。"除去对共产主义有深刻分歧外，萨特和加缪首先是道学家，对他们来说，寻求公正比理解历史更重要；他们自然参与斗争，但寻求一个与世界脱离的理想；他们要求道德事实的纯粹和绝对，反对'现实主义'的逻辑。从事实上看，两人与阿隆以及他思考正在创造的政治和历史的愿望完全不同。1950 年代末，阿隆在政治上与加缪更接近，但后者的道德主义对他很陌生，他们对阿尔及利亚的原则立场便是证明。加缪的著名声明'我相信正义，但在正义之前我将先保卫母亲'，在阿隆听来毫无意义。因为它对正在酿成的历史悲剧毫无作用，更解决不了危机。道德上的同样决裂无可挽回地把萨特和阿隆分开。他们对在历史中的人的思考有共同的前提——意识是行动，思想是意识在行动中的觉醒——，但一位选择不受时间、空间、历史和地理束缚的彻底自由，另一位捍卫以制度和社会准则为中介并受其限制的自由；一位为个人的叛逆而战斗，另一位为人通过改革对本身的历史施加影响而战斗。"①

在一篇论及核战略家与道德家的文章中，阿隆将政治与道德的关系极端化为核战略家与道德家的关系。他指出，马基雅维利争论可能会像人类大历险一样恒久的终极原因是，整个历史行动都是一种人类的战略，是一个人或一些人针对其他人的战略。"核战略家，像马基雅弗利那样，投身于一个充满暴力的世界，'怀疑他人具有最黑暗的打算'是他的原则，而对核武器的依赖——这一所有行动中可能是最没人性的一种，他赋予了理性的形式。"②"道德家可以自由地无条件地谴责这些武器的使用——即使只是外交上的使用。而战略家则思考，如何能够预防这些武器的实际使用——即军事上的使用。"在此，阿隆反问道："两者间，谁才是真正道德的？谁才有可能对人类有用？"③

---

① 尼古拉·巴维雷兹：《历史的见证——雷蒙·阿隆传》，王文融译，北京大学出版社，1997，第 428 页。
② 雷蒙·阿隆：《历史讲演录》，张琳敏译，上海译文出版社，2011，第 427 页。
③ 雷蒙·阿隆：《历史讲演录》，第 430 页。

无疑，在阿隆看来，道德学家的道德泛滥主义并无助于危机的真正解决。进而，在政治危机发生时，一味地进行道德的批评与谴责，而不提出具体的解决问题的方案，甚至否定一些有可能部分违反道德律令的方案的做法，其实是不负责任的。"身为公民而反对一切权力，等于自己推卸掉一切责任。"① 阿隆在说这句话时，心里想的始终是劲敌萨特。《君主论》长期以来留给人们的似乎只有狮子的凶猛与狐狸的狡猾，但是在最初的意义上，马基雅维利要维护的却是一个整体的善的目标。阿隆所说的政治在广义上与道德相联系，正是此意。如此，阿隆也表现出了其相对本质主义的一面。

政治家的谦逊和理性——超越信念伦理与责任伦理

马克斯·韦伯做出了著名的信念伦理与责任伦理的区分。信念伦理认为，行为的伦理价值在于行动者的意向、信念的价值，它要么是对某些目的的选择，要么是对某些手段的拒绝，② 它使行动者能够拒绝对后果负责，从而将责任推给信仰的上帝。责任伦理则认为，行为的伦理价值只能取决于行动的后果，它要求行动者义无反顾地对后果承担责任。它同时假定了为了某些目标，就要有某些信仰或原则，最终，后果的善可以将此过程中的一切不善抵消。"恪守信念伦理的行为，即宗教意义上的基督教行公正，让上帝管结果，同遵循责任伦理的行为，即必须估计自己行为的可能后果，这两者之间有着极其深刻的对立。"③ 韦伯的这一划分针对的是现代性中价值的多元主义与理性非决定论。不难看出，韦伯是通过将伦理做这样的两分来表明其对相对主义的肯定。这一方面体现在他将科学与价值或科学与伦理道德做出了严格的区分，另一方面也体现在信念伦理与责任伦理的自由选择的内涵中。

在韦伯看来，科学的本质是意识服从逻辑规律，而价值的本质是自由。因此，科学的方法和结论不能应用到价值或道德领域来。例如，科学研究遵循因果规律，某种原因必然导致某种结果，某种结果也是某种原因

---

① 雷蒙·阿隆：《雷蒙·阿隆回忆录——五十年的政治思考》，第50页。

② 雷蒙·阿隆：《历史讲演录》，第449页。

③ 马克斯·韦伯：《学术与政治》，冯克利译，生活·读书·新知三联书店，1998，第107页。

的唯一解释。然而，在伦理学或社会科学中，却全然不同。科学不能告诉人类应当如何去生活，如何去行动，科学不能给予人类以终极价值。而各种价值之间也是冲突不断，犹如"诸神之争"。所以像古希腊那样在人类生活中遵循自然法规律的思想已经不再具有说服力，必须在科学之外来研究伦理道德或者价值领域的事情，这是德国历史主义的核心诉求，也是马克斯·韦伯理论的出发点。

　　此外，在信念伦理与责任伦理中，信念伦理强调的是道德目的的纯洁性，人有选择自己信仰的自由，一经选择，就需保持其信念的坚定。而责任伦理也并不因对效果价值的追求而排斥其信念价值。韦伯认为，责任伦理是在最高信念的原则下，在与现实的对话中，切实地制定具体的目标并付诸实践。如果说信念伦理是自古以来道德伦理的传统形式和表现的话，那么责任伦理则是韦伯在历史主义背景下对伦理学重新思考的结果。

　　然而，责任伦理的提出还是不可避免地让人联想起一般认为的"马基雅维利主义"。阿隆明确指出了韦伯这一划分的不足之处，他说："问题是，在某些形势下，便是要为了自己或者为了他人而无条件地投入，不计较代价。韦伯引用了马丁·路德和他那句著名的话'我站在这里，别无他法'，韦伯想借此表达信念道德的真正意义——可惜他没有明说：无条件地投入，无论赞成还是反对，无论后果如何。"[1] 可以说阿隆对责任伦理的质疑就是对韦伯价值相对主义的质疑，或者说是对本质主义的某种程度上的维护。阿隆部分同意韦伯对科学与价值的区分，但他认为价值的一些选择虽然不是以科学规律为基础的，但是一些人性中共通的东西，比如不杀戮、不残害妇女儿童等价值也是普适的，可以成为价值选择的根本基础。因此，阿隆对科耶夫的暴力思想颇有微词，他婉转地批评科耶夫采取了一种白俄对待人民群众的态度，对芸芸众生的痛苦与愤怒无动于衷。[2] 阿隆不同于理性决定论者，也不同于历史主义者。他相信人是理性的存在，但是同时也意识到人类的所有选择都可能产生相反的结果，并且

　　① 雷蒙·阿隆：《历史讲演录》，第 448 页。
　　② 雷蒙·阿隆：《雷蒙·阿隆回忆录——五十年的政治思考》，第 124 页。

这一结果在行动之前没有人能准确预见到。阿隆的博士论文讨论的即是历史客观性的界限问题。

"韦伯将科学与其道德根基割裂开来，从而陷入新康德主义式的非理性主义和虚无主义。而康德从未将思想和科学同道德问题分开，他只是为科学和理性划定一个界限，而为道德和自由留出地盘。阿隆正是用康德主义来拯救韦伯的新康德主义式的非理性主义，他仿照康德的这一做法，试图为具体的人重建一个有效的活动范围，在这个范围里，他可以在科学之外进行哲学的思索和自由的行动，依照科学和理性审察现有的政治体制，从而对其做出赞成或是反对的决定。"① 阿隆并没有任由非理性的道德主义来决定其政治行动，他无疑是"现实主义"的，但他的政治行动是建立在对工业社会政治体制的经验分析和政治家式的明智之上的。面对历史客观性的有限性和行动过程中随时都可能发生的问题，他坚持政治选择应该秉持的并非道德主义而是谦逊与理性。阿隆本人对政治的谨慎态度亦充分体现出这种谦逊与理性。如他早年为了了解经济的运转学习了大量经济金融学的知识；又如与一般法国哲学界坚守欧陆主义传统不同，阿隆对英美学界尤其是分析哲学的发展非常关注。这种开放的、注重学习的态度无疑是一种展现在历史客观性的有限性面前的谦卑与谦逊。

阿隆的传记作者指出："阿隆最深刻的特点在于：对认识的彻底怀疑与对真理的顽强追求在冲突中共存，人在偶然历史中的扎根与对普遍性的向往在冲突中共存。"在韦伯式的历史主义和相对主义面前，在历史认识的有限性面前，他敢于承担，甘于卑微。"如果世界末日有可能到来，如果人类受到威胁，我知道到哪里去寻找信仰和希望。我没有对付工业文明的弊病、核武器、污染、饥饿和人口过剩的灵丹妙药。但是我知道，相信太平盛世说或无休止地讨论概念是毫无用处的；我更喜欢经验、学识和谦虚。"② 当然，这种用来对付历史客观性的有限性的谦逊，可能还有一个理由，这个理由是阿隆自己不愿过多谈及的，却被列

---

① 陈喜贵：《阿隆对韦伯相对主义的超越》，《现代哲学》2001 年第 1 期，第 119 页。
② 尼古拉·巴维雷兹：《历史的见证——雷蒙·阿隆传》，第 444 页。

维－斯特劳斯看破："依我看，雷蒙·阿隆的重要性大大超过其作品的重要性：我尤其觉得他这个人堪称楷模，我欣赏他有意压抑和控制极端的敏感性，最终使它经受了艰苦的磨炼，在他看来，要掌握真理，这种磨炼是必不可少的。"①

从德国历史主义到亨佩尔—德雷争论——修正的德雷模型

在对阿隆在政治和道德的关系上的表述做了简单的"现象学"的考察之后，接下来，我们将试图深入这一表述背后，分析其理论依据。

道德与政治行动的关系从广义上可以上升为知识与行动的关系。在历史科学中，知识与行动的关系常表现为历史决定论与非历史决定论之间的关系。在古典时期，一直到文艺复兴之前，西方思想中的历史都是遵循理性的规律发展的。黑格尔与马克思虽然看到了真理是在历史当中展开的，但他们最终还是认为历史有一个确定的发展方向，在黑格尔那里是精神，在马克思那里是共产主义社会。这样的历史决定论事实上认定了知识是可以被认知的、普遍的与永恒的，知识可以决定行动。德国历史主义兴起之后，人们开始对人类在历史当中的行动做出一种相对主义的解释。"'历史主义'指的是这样一种人类历史观念：人类的发展演进由其时代与社会之基本的多样性所决定，也就是由每个社会或每个时代之特有价值的多元化所决定。这种多样化说法的一大后果就是价值相对主义，这与启蒙时代的概念相对立，启蒙时代学说认为存在着人类的普遍价值，普遍价值与理性的胜利联系在一起。"② 这样一来实际引出的是两个问题，第一个问题，知识是否能够决定行动，或知识与行动之间是什么关系？第二个问题，知识是否具有普遍性？

阿隆认为，在这个问题上，德国历史主义与英美分析哲学不约而同地走到了一起。在分析哲学中，存在一个著名的亨佩尔—德雷模式的争论。亨佩尔或者演绎模型认为，只有对一个事件做出因果的解释才是科学的。历史解释只有依赖于演绎性的假说时才是科学的。也就是说，科

---

① 尼古拉·巴维雷兹：《历史的见证》，第 12 页。

② 雷蒙·阿隆：《历史讲演录》，第 4 页。

学与精神科学共用一个知识的范畴，那么科学领域的逻辑规律和命题必然可以应用到精神科学的诸领域，而政治行动就势必是由某一原因导致的。这样一来，二战的爆发是否应该归因于德国法西斯主义的兴起？显然经验的看法认为，二战的爆发原因是多元的，历史的必然性中又蕴含着许多的偶然性。所以在精神科学领域，也许并不能像在科学领域中一样，把事件的目的、过程和结果做一个逻辑的陈述。人永远是最复杂的动物，而人类历史进程也不是几条科学定律可以概括的。所以同样在分析哲学内部，就有了德雷的反驳。德雷模型即合理性（rationnel）模型认为，精神科学对历史或人的诠释，在本质上不同于科学解释。对事件的解释不仅要关注其原因和后果的关系，也要参考其意向与动机。也就是说，比起排他性的原因来，对于理由的多样性的解释似乎更为科学。所以，合理性模型只能用于人类行动上。在阿隆看来，这是分析哲学对德国历史主义重新发现的第一条路径。第二条途径则关涉到语言的多样性问题。德国历史主义的一个重要特点就是它对语言的历史多样性的思考，在许多分析哲学学者那里，"人不能从一种语言到达另一种，而社会科学的根本就在于一种从每种语言本身的假设或者概念出发，来重新建立起这些语言的努力"。[1]

　　从各自的基础出发，看似不太可能有交集的德国历史主义与英美分析哲学却几乎同时指向了前已提及的两个元问题——行动是否能被解释？知识是否具有普遍性？阿隆似乎颇为赞赏分析哲学家冯·赖特对这个问题的回答。"G·H·冯·赖特重述了根据德雷模型而发展的人类解释理论，但他意识到，这种模型只是一种'理解'（Verstehen）理论的模态。在他题为《解释与理解》（*Explanation and Understand*）的书中，赖特分析了亨佩尔—德雷对话，并站在修正了的德雷模型一边；他明确说，他是要重现德国作者们对'Verstehen'——即'理解'——这一概念所赋予的特别意义。"[2] 那么德雷模型又进行了哪些修正？当然，阿隆也注意到，人们试图拉近这两种模型的距离。体现在比如对亨佩尔模型的演绎的弱化上，

---

① 　雷蒙·阿隆：《历史讲演录》，第 12 页。
② 　雷蒙·阿隆：《历史讲演录》，第 135 页。

如并非只有一条普遍性命题而是可以有多条，如以可能性代替决定论或者必然性。然而阿隆仍然认为这种修正的亨佩尔模型还是不尽如人意。这种演绎性模型有三重困难，

第一，哪些是人们可以由此出发演绎出独特联系的规律性或普遍性命题？这些是规律还是仅仅是经验上的规律性？

第二个问题可以被称为"休谟与斯图亚特·穆勒问题"，即一个事件的原因除了前件以外是否还有其他原因？原因是否仅是常规性的前件，还是前件整体？

第三个问题是这种演绎性模型和合理性模型之间的直接对抗。这个问题也是亨佩尔—德雷之争的核心。自然科学与人文科学之间有唯一的知识模型还是需要在人文科学中引入特定的知识模型？

在阿隆看来，即使是修正了的德雷模型仍然不足以解决以上这三个难题。而德雷的修正如果是试图在合理性中去建立必然性，那也是错误的。阿隆指出，在处境中对于行动者做出解释是无法重现必然性的。"我们只能重现可理解性，而不是必然性。""从参与者的意向来解释一种行为能使人懂得他的行为，而人们无法发现为什么参与者不能采取别的行动；我们总是认为，参与者本该可以采取别的行动。"① 此外德雷的错误还在于，指出某个行动是合理性的或合适的，并不等于解释了这一行动。关键是通过处境和意向性来说明决定是可以理解的。而"通过意向性来进行诠释的逻辑理论并不意味着诠释者的意识参与了行动者的意识。而我认为，正相反，只有当我们探索了行动者的世界，行动者本人以及行动者所想要的东西时，诠释理论才是在科学上有效的"。② 所以诠释一个政治行动，就是把这种行动置于当时的具体的政治社会环境中，建立起其可理解性，这样就完成了对德雷模式的修正。这种修正也通过可理解性超越了德雷关于人文科学与自然科学的不同质性的看法。

如果进一步追问，为什么只能重现人类行动的可理解性而不是必然性呢？这就涉及阿隆对历史认识客观性的有限性的认知了。

---

① 雷蒙·阿隆：《历史讲演录》，第 145 页。
② 雷蒙·阿隆：《历史讲演录》，第 154 页。

历史认识客观性的有限性

阿隆的哲学博士论文《历史哲学导论》的中心论点是"历史认识的相对性指出做出决定的时刻。为了确定它，我把现象学的方法运用于发现历史的主体。这种方法表明历史认识的主体不是纯粹的主体，不是先验的自我，而是一个活生生的人，一个力求理解自己的过去和环境的历史的自我。所以因果关系不是社会学中的唯一关系。它零零碎碎，要求另一种性质的综合：包含客观成分，但并非纯科学成分的合成，因为前景的多样化总是可能的，往昔随着远去不断地更新。换句话说，因果思想必定被一种与它不相容的思想所取代，一种介入生存的某一特定时刻并带有一定哲学成见的思想，它力图借助自己的观念，从本身的观点出发理解往昔，抓住其发展的连续性，领会其涵义"。① 阿隆的这一番论证在以涂尔干的实证主义为主导的法国学界无疑是离经叛道之举。② 在论文中，阿隆主要从历史理解的有限性和历史的因果性的有限性两个方面对历史客观性的有限性这一主题进行了论证。同时为了避免滑向相对主义，他又承认普适价值的存在，以此作为其历史多元论的基础。

历史认识有限性的根本原因是，按照阿隆的说法，源于认识主体是在具体的历史中存在的。"不同层面的解读使得我们能够还原出同一事件的不同面向，而切入点的大小则取决于对象对主体叙事的重要程度。"③ 这样的解读是否能还原历史的真实性，或这种解读是否具有公正性？阿隆认为，一个人的解读也许是片面的，有欠公正。但把所有人的解读汇集到一起，就必然能尽力还原一个真实的历史。历史的进程从来只是集体合力的结果。既然历史认识是有限的，人们无法窥探其全貌，便只能在可理解性中无限接近历史的真实，历史中的人的行动也就无法根据某一特定的知识来展开，剩下的仅有历史中的人理性与负责任的行动。阿隆在论文答辩中

① 尼古拉·巴维雷兹：《历史的见证——雷蒙·阿隆传》，第 114 页。
② 费萨尔神父曾经对论文答辩现场的情景做了以下生动的描述："一群母鸡孵出了一只鸭子，惊恐地见它猛然跳入水塘，悠然自得地在一种对它们陌生的元素中游动。"（尼古拉·巴维雷兹：《历史的见证——雷蒙·阿隆传》，第 111 页）
③ Raymond Aron, *Introduction à la philosophie de l'histoire* (Paris：Gallimard，1938)，p. 364.

为自己辩护道："我说在历史中没有历史真相时并不绝望，因为思想不是一切，还有行动范围；我也不穷凶极恶，因为我只淘汰了若干似乎被时间唾弃了的思想，比如扩大到社会整体的进步无定限思想。"① 阿隆直言不讳地说自己的书是历史认识的理论，同时也是政治科学的引论。他所要放弃的正是前文谈及的抽象的伦理主义与意识形态，从而力求确定受现实所限的可能选择的真正内容。在道德也是一种意识形态的意义上，这正回应了我们的主题，即政治问题不是道德问题。

为了避免走入价值的相对主义，阿隆仍坚持康德关于普遍价值的论述。"即便'去魅'的世界使得人类不再能够仰仗绝对真理或者上帝来定义自身，但阿隆坚信，虚无并不是人类唯一的宿命。相反地，只有终其一生追寻在无穷远处的理想社会的人类，像一生重复推石头上山的西西弗那样，才可以说真正具有了存在的价值。他说，'只有人类才能够投身于这样一种冒险之中，它的结局不是死亡，而是自我实现。'只要人类历史尚未终结，人类追寻自身意义的冒险就不会停歇。"② 而这种对于"无穷远处"的真理或道德的坚守也决定了阿隆"政治在广义上与道德相联系"的实质。

1930 年代的法国，阿隆所处的法国哲学界大部分是康德主义的传承者，只有极少的人阅读黑格尔。阿隆曾经对社会主义信仰抱有热情。他之后短暂求学于德国，受到德国历史主义和现象学的影响，所以阿隆对历史本质主义与历史认识论的调和，及其对历史相对主义与历史决定论的综合，都是受到了其青年时代的特殊经历的共同作用。当然当我们做出这一观察的时候，无疑是一种事后的描述而非一种预见，但这恰恰也是将阿隆的想法切实地贯彻到对他的研究当中去的最好例子。

阿隆的博士论文是他学术生涯的起点，也奠定了他之后整个学术思考与政治行动的理论基础。无论是之后他对共产主义的敌视，对萨特的批判，还是被戴高乐称作"大学里的记者，记者中的教授"，都与他对历史或知识客观性的有限性认知相关。

---

① 尼古拉·巴维雷兹：《历史的见证——雷蒙·阿隆传》，第 114 页。
② 李岚：《雷蒙·阿隆批判的历史哲学评述》，《浙江学刊》2013 年第 2 期，第 22 页。

阿隆与科耶夫

虽然阿隆毫不掩饰他对科耶夫的欣赏，然而二者在性情、思想方面的差异是巨大的。首先，就个性而言，阿隆谦逊内敛，科耶夫时常表现出一种才气逼人的狂傲。阿隆来自巴黎一个温馨的中产阶级家庭，从小是品学兼优的好学生，直到顺利进入巴黎高师，以优异的成绩完成哲学大、中学教师会考。阿隆成长的道路不可谓不顺利。顺利的环境使其基本上不需要更大的付出，仅通过自己的努力就能获得自己想得到的东西。科耶夫成长于我们可以称之为大资产阶级的家庭中，自幼在家中的沙龙里受到最前沿的思想文化的熏陶。不料革命爆发，家逢变故，一度入狱，后来迫不得已流亡德国，随后又定居巴黎。虽然他最终成功入法国籍，但一位俄国青年要在法国社会生存并扎下根来，这其中的艰辛可想而知。毋庸置疑，科耶夫是才子，否则他的黑格尔导读讲座不会吸引那么多才子。根据他身边许多朋友的回忆，后期的科耶夫经常是捉摸不定，高深莫测的。阿隆回忆说："科耶夫从不说蠢话，我很少有印象，需要教他搞明白什么事情。""每当谈到政治和经济（这是我们的主要话题），他总是以权威的口吻发表意见。"[1] 事实上，科耶夫的这种恃才傲物固然与他关于历史终结的哲学思考有关，但最终与他的人生经历也不无关系。无论他如何被称为能够左右法国对外经济政策的三驾马车之一，科耶夫在法国政府里始终没有得到真正的重用。这种高深莫测与恃才傲物无疑影响到他的知识的有效传播。

其次，思想的本质冲突。科耶夫以一部《黑格尔导读》奠定了其在学术界的地位，阿隆的《历史哲学导论》是他学术生涯的起点与理论基础。《黑格尔导读》虽然是对《精神现象学》的解读，但它讨论的问题同《历史哲学导论》一样，也是关乎历史哲学和世界历史的问题。然而，连阿隆自己也说："我在《历史哲学导论》一书中探索的理论同科捷夫（或黑格尔）的思想存在相当大的距离。"[2] 科耶夫继承的黑格尔是一种综合了存在主义的历史本质主义。这种存在主义的历史本质主义认为，历史的

---

① 雷蒙·阿隆：《雷蒙·阿隆回忆录——五十年的政治思考》，第 125 页。
② 雷蒙·阿隆：《雷蒙·阿隆回忆录——五十年的政治思考》，第 122 页。

主体在历史的发展过程中将根据否定性行动，这种否定性不是无根的否定性，而是在既有基础上的否定。否定的循环最终会导向普遍均质国家的形成，历史也终结于这一普遍均质国家中。可见科耶夫式黑格尔主义还是一种关于历史本体论的讨论，他虽然看到了历史就是主体的否定性行动，却肯定这种行动是可以被完全认识的，甚至是可预见的。阿隆受到认识论转向的影响更甚，他关心的不再是历史是什么的问题，而是如何认识历史的问题。科耶夫的历史乐观主义也许在阿隆看来不可思议，在这方面，阿隆与施特劳斯更接近，两者在某种意义上都具有一种"古典心性"。他们承认真理的存在，认为人的行动只能去无限地接近而非完全实现这一存在。阿隆认为人的行动都不可避免地受到其所处的历史社会环境的影响，科耶夫则会站在历史的终点说这一切都在预料之中。此外，阿隆对科耶夫思想中的暴力因素与其对斯大林模棱两可的态度极不赞同。阿隆对极权主义的痛恨，"是因为极权主义能使一切邪恶的东西肆意得逞，大张凶焰，而其根苗则深埋在人的本性里"。① 在阿隆看来，暴力一旦自认为服务于历史的真理和绝对的真理，它就会成为更加惨无人道的东西。

既然阿隆和科耶夫在个性与理论基础上存在如此大的差异，二人为何会在战后经常就政治形势交换看法？在1968年的五月风暴中，科耶夫在电话里与阿隆长谈，并向后者保证，"这场风暴根本不是一场革命，因为无人杀人，也无人想杀人"。科耶夫这位信奉黑格尔的马克思主义者，对拒绝暴力的假革命满怀鄙夷，大骂五月"干尽了蠢事"。而几天后，当阿隆在电视台发表对五月风暴的看法时，也赞同科耶夫的解释，将这次事件称为"心理剧"，令在场的工会干部大为愤慨。②

科耶夫与阿隆在战前只有一年的师生之谊，战后促使两人接近的最现实的因素是两人在社会政治经济方面的立场。科耶夫在战后进入政府部门工作，而阿隆政治行动上的谨慎是建立在对工业社会政治体制的经验分析和政治家式的明智之上。他曾经多次批评萨特秉持的是教条主义的意识形态，拒绝对当前的社会现实做出具体的分析。"《资本论》出版一百年了，

① 雷蒙·阿隆：《雷蒙·阿隆回忆录——五十年的政治思考》，第72页。
② 尼古拉·巴维雷兹：《历史的见证——雷蒙·阿隆传》，第341页。

对我们这个时代的社会经济结构，萨特什么也没有说。"① 因此科耶夫与阿隆的靠近是建立在对现有政治经济情况的相对全面的掌握的基础上。在阿隆的眼中，科耶夫一定不是那个"身为公民，却反对一切权力，因而是不负责任的人"。同样，在科耶夫眼中，较之萨特类型的知识分子来说，阿隆更接近他心中那个反思的公民的标准。② 在此基础上二者就与传统意义上的批判知识分子拉开了距离。

　　阿隆与科耶夫均不欣赏那种被教条的意识形态所主导的政治行动。甚至可以说，他们都是某种意义上的现实主义者。他们从不同的路径，科耶夫从黑格尔，阿隆从韦伯、狄尔泰（甚至是黑格尔）那里继承了德国历史主义的传统。所不同的是，科耶夫虽然认为任何主体都是在具体的现实中进行否定的，对 A 的否定只能是非 A，而不是别的什么东西。但最终历史发展的终点是既定的，站在这个终点来看之前所有的曲折，都不过是历史发展的必然。科耶夫的思想中散发出浓厚的目的论色彩。

　　在阿隆看来，虽然在广义上政治必须符合道义的目的，但归根到底，政治问题就不是一个道德问题。尽管如此，政治行动也不能完全由韦伯式的目的合理性或者说责任伦理来解释，世界上总归是有些事需要人不顾一切地去付出，去争取。他思想中接受的康德教育帮助其实现了对信念伦理和责任伦理之分的超越。政治行动在历史中的展开并不总是由道德决定的，人文科学作为一种区别于自然科学的知识门类并不必然依据一种亨佩尔所说的覆盖律模式或因果性来解释。重要的是要秉持一种谦逊谨慎的态度，将政治行动建立在对现有经验与条件的理性分析之上。因为无论是谁，他对历史的客观性的认识都是有限的，任何试图重现必然性的尝试都是徒然的，行动中的人所能做的只有是通过理解在现实中建立起知识和行动的关系。历史哲学之于阿隆，如其所言，成了其政治科学的引论。

---

① Brian C. Anderson, *Raymond Aron*, *The Recovery of the Political* (Lanham: Rowman & Littlefield Pub Incorporated, 1997), p. 104.
② 只不过，阿隆虽然主张介入政治，却始终只愿意在政治中做旁观者。科耶夫与阿隆不同，他在战后为法国政府工作，他对阿隆说这是为了了解他的历史哲学是怎样实现的。

　　在巴塔耶眼中，科耶夫的否定性不是太多而是太少，巴塔耶将其思想中的色情、暴力演绎到了极致。在雷蒙·阿隆那里正相反，他对科耶夫思想中的暴力色彩颇有微词。德国历史主义虽然为他的历史认识论抹上了一缕悲观色彩，但阿隆本质上坚信一个理性的和经验的人能够无须借助于任何意识形态的帮助而正确地行动。在政治在最广的意义上与道德相联系这一点上，科耶夫与阿隆是一致的。

第五章　科耶夫与中国

东方传统思想、宗教与文化构成了科耶夫知识体系中的重要一环。他对中国问题尤为关注，中国文明亦成为他反思西方文明与俄罗斯文明的重要参照。而近二十年来，科耶夫的研究越来越受到中国学术界的关注，科耶夫知识在中国的传播，不仅涉及学术层面的接受，还关涉到中国知识界从自身的现实关怀出发对他的再诠释与挪用。

第一节　科耶夫知识体系中的中国

与中国的渊源

科耶夫与中国的渊源可以追溯到他的孩童时代。19世纪末20世纪初，随着西方现代哲学思潮的引进，俄国文化经历着一段交织着矛盾性与复杂性的发展时期。一方面是尼采、斯宾格勒笔下的西方的没落，另一方面是根深蒂固的东正教传统。在这种情况下，一些迷茫的俄国知识分子和一些沙龙里的新兴资产阶级转而到东方的思想资源里寻求帮助。科耶夫正是来自这样一个新兴的资产阶级家庭。受家庭的影响，他从小就对东方思想尤其是宗教思想产生了浓厚的兴趣。马可·菲洛尼（Marco Filoni）说科耶夫在这一时期俄国的哲学复兴运动中有两位精神导师，一位是陀思妥耶夫斯基，一位是索洛维约夫。[①] 两位都是在宗教哲学方面卓有建树的大思想家，后者是科耶夫的哲学博士论文的研究对象。前者的思想深受东方

---

① Marco Filoni, *Le philosophe du dimanche*, p. 49.

宗教思想的影响。只有理解了这一点，才能明白为什么科耶夫会对东方有如此的关注，"他从未停止过对东方语言、哲学和宗教的学习"。[①]

俄国内战爆发后，科耶夫被禁止进入大学学习，不得不背井离乡，流亡德国。1921 年夏，他来到海德堡大学，第一个学期选修的课程里就有东方哲学与东方语言课。当时的海德堡大学拥有多位东方学研究大家，如著名佛学研究大家马克斯·瓦尔泽尔（Max Walleser）、著名汉学家弗里德里希·克劳瑟（Friedrich Krausse）。科耶夫从 1921 年下半学年就开始上瓦尔泽尔的印度学课程，两人保持了长达十年的通信。[②] 因为佛教中许多梵文经典遗失，只留下了一些藏文与汉语的译本，为了深入研究佛学，科耶夫学习了藏文和中文，并于 1921～1922 年冬追随克劳瑟系统地学习了中国哲学，深入了解了中国的道家与儒家思想。[③] 克劳瑟与科耶夫保持了长期的友谊，在科耶夫离开海德堡到柏林求学的那段时期，克劳瑟仍旧给予其学术上的建议和指导。正是在克劳瑟的建议下，科耶夫旁听了另一位以研究中国宗教著称的汉学家奥托·弗兰克（Otto Franke）的课，通过对经典的中文佛教文献的阅读来分析佛教在中国的传播。[④]

1926 年，科耶夫在雅思贝斯的指导下完成了博士论文《论索洛维约夫的宗教思想》，不难推断的是，这对师徒的相互选择或多或少也带上了些亲东方色彩。科耶夫从初到海德堡开始就不掩饰自己对东方语言与哲学的兴趣。而当时他的祖国苏联也是世界佛学研究的中心。与海德堡大学另外两位学霸式的人物——里克尔和胡塞尔不同，雅思贝斯从 1920 年代初开始，尤其是在马克斯·韦伯的影响下，就开始对东方世界给予特别关注。我们知道他在"轴心时代"的概念中对中国有着很高的评价，甚至人们在一封 1947 年他写给他的另一位学生汉娜·阿伦特的信件中发现了这样一句话"如果我能夸张一点说，中国几乎成了我的第二祖国"。[⑤] 研

[①] Marco Filoni, *Le philosophe du dimanche*, p. 49.

[②] Marco Filoni, *Le philosophe du dimanche*, p. 144.

[③] Marco Filoni, *Le philosophe du dimanche*, p. 147.

[④] Marco Filoni, *Le philosophe du dimanche*, p. 154.

[⑤] Marco Filoni, *Le philosophe du dimanche*, p. 157.

究者们认为雅思贝斯对中国的兴趣与 1920 年代他的这位俄国学生不无关系。当然，争论谁对谁的影响多一些是毫无意义的，重要的是雅思贝斯和科耶夫在关注中国文化和中国思想方面有着共同的兴趣基础，虽然二者终不会成为汉学家（显而易见这是事实），但这种对遥远的东方世界的关注必然给他们各自的思想体系带去一种不一样的视角。

科耶夫一生没有专门涉及中国的著作，但他在 1927 年至 1935 年期间陆续为几本法语版的有关中国问题的作品写过书评，算上他所撰写的关于佛学的文字，总计不超过十篇。科耶夫手稿中所藏未刊发的三篇关于中国问题的书评，分别是写于 1927 年的对梁启超法文版《法的概念与先秦法家理论》① 的评论，1932 年为葛兰言（Marcel Granet）《中国文明》一书所作的书评及对樱泽（N. Sakurazawa）的《远东科学和哲学的统一原则》的评论。另有一篇评论葛兰言的《中国思想》的文章刊发于1934～1935年《哲学研究》第 4 期上。② 考虑到文章的篇幅与这些书评本身的重要程度，下面着重指出的是第一篇，即科耶夫为梁启超法文版《法的概念与先秦法家理论》所写的一篇评论。

《先秦政治思想史》 与 《法的概念与先秦法家理论》

众所周知，梁启超是近代中国思想史上的一位里程碑式的人物，他先是作为君主立宪派的代表活跃于晚清的思想界与政界，戊戌变法失败后流

---

① 该书的法文书名直译成中文是《法的概念与先秦法家理论》，但实际是由梁启超的《先秦政治思想史》选编而成。后文除了特别探讨《先秦政治思想史》的部分外，均采用法文书名的直译。

② 前三篇未出版的文章均收录在科耶夫手稿档案中，分别是为以下三本书写的书评：Liang Ch'i-ch'ao, *La Conception de la Loi et les Théories des Légistes à la Veille des Ts'in*, traduit et éd. par Jean Escarra（Pékin：China Booksellers, 1926）；Marcel Granet, *la Civilisation Chinoise*（Paris：Editions Albin Michel, 1929）；N. Sakurazawa, *Principe unique de la philosophie et de la science d'Extreme-Orient*（Paris：Vrin édition, 1931）。其中，第一篇书评是用俄文撰写，笔者从最后一页的手写体字迹（字迹模糊难辨）来看，应当是发表于当时的某本俄文杂志上，但是科耶夫的传记作者将其归入了未发表的手稿之列，所以此处该文究竟是否曾经发表尚待考证。第二篇书评是用德语书写，第三篇用法语与德语撰写。唯一一篇已刊出的评论葛兰言的《中国思想》的文章发表于 1934～1935 年的《哲学研究》第 4 期上，第 446～448 页。

亡海外，曾经有一段时间向孙中山的革命思想靠拢，但最终发现改良才是中国的唯一出路。梁启超在长期的政治运动与斗争中不得志，1918 年退出政坛后，决定出国考察西洋各国的政情舆情。自 1918 年底到 1920 年初，梁启超与丁文江、张君劢等人一起访问了英法等国。梁氏在欧洲考察期间，西欧各国科技进步，民主自由的观念深入人心，但同时 20 世纪初的这几十年也是西方文明危机论愈演愈烈之时，西方的许多知识分子试图从东方思想资源里寻求借鉴，他们给予梁启超以很高的礼遇。梁任公回国之后大叹："救知识饥荒，在西方找材料，救精神饥荒，在东方找材料。"① 这也是梁启超晚年总的思想取向，即从中国传统的思想资源中去寻求理论支持，以西方文化的基本理论与方法来解释中国古代思想文化。1922 年，梁启超在北京政法专门学校与东南大学讲课的内容经整理，集结成《先秦政治思想史》出版。这部著作是梁启超研究先秦思想史的代表之作，体现了梁启超晚年的文化观与政治思想史观。梁启超究竟在书中说了些什么，以致两位法国的中国通要将此编译出版成法文，而当时已经定居巴黎的俄裔青年学者科耶夫为何又要为此用俄语写作书评？

　　按照李喜所先生的解读，《先秦政治思想史》将先秦的政治思想总结成了"三个四"：四家（儒、道、法、墨），四个流派（人治主义、无治主义、法治主义和礼治主义），四个共同点。后者即中国人政治思想的四个共同点，分别是（1）中国人相信宇宙间有自然法则，将这些自然法则运用到政治领域，即是最理想的政治思想；（2）君权有无上的权威；（3）中国人往往将美好的社会理想化，乌托邦化，从来不去研究具体的实施；（4）中国人只讲天下，讲王朝，而不谈国家。② 然而 1926 年，这样一本先秦思想概论性质的著述被编译成法文本后却只留下了与法家相关的部分章节，并以《法的概念与先秦法家理论》为题出版。这个有意思的出版不得不让我们对促成这次出版的编译者们产生强烈的好奇。

　　《法的概念与先秦法家理论》的第一译者——让·埃斯卡拉（Jean Escarra）是 20 世纪初法国民商法和比较法学的大家。埃斯卡拉曾于 1921

----

① 　梁启超：《先秦政治思想史》，天津古籍出版社，2003，第 4 页。
② 　梁启超：《先秦政治思想史》，第 5～6 页。

年至 1930 年在华担任中华民国国民政府法律顾问，其间不仅参与了《商法》等法律的起草，还潜心研究中国传统文化和法律，对中国的立法、司法及法学教育等均有很深的见解，随后又于 1933 年、1934 年、1938 年及 1940～1941 年先后 4 次来华访问、讲学。他的《中国法》自 1936 年 6 月出版后，立刻受到西方学术界的广泛关注和好评："截至目前为止，本书是有关中国立法、法典编纂、法律体系、司法机构研究的最为详尽和深刻的论著之一，是现代西方学者就该主题所做的最为全面的阐述。"而他本人也被美国哈佛大学法学教授和东亚法律研究中心主任安守廉（William Alford）教授赞为"欧洲中国法顶尖专家及中国法国际先驱之一"。① 与此同时，埃斯卡拉还致力于中国法律在西方的传播，亲自执笔编译了梁启超的《法的概念与先秦法家理论》一书，1926 年在北平的中国书商（China bookseller）出版社出版，并邀请其在中华民国国民政府法律顾问位置上的前任宝道（George Padoux）为该书作序。

关于该书的出版动机，科耶夫指出，"译者（大概也包括作者本人）在出版这本书的时候，都追求现实的政治目标：在'法家'学说中寻找亲西方的中国思想流派（方向），他们致力于恢复那些被希望的学说，从而使新的中国的建设以及中国与西方的接近变得更容易"。② 而科耶夫之所以会觉得这本书极其有趣，不仅仅源于他对中国问题的关注，也不仅仅因为"中国问题"的现实性，更重要的是"这与初步形成的俄罗斯思想的寻求拒绝（不接受）罗马法并以对法的新理解取而代之有关"。③ 由此，这样一篇书评就奇异地在 1920 年代中国的文化与政治重建、西方的精神危机与苏联的苏维埃建设三者之间架起了一道桥梁。

桥梁的一端是 1920 年代的中国，有志之士在全盘西化和中学为体、

① 蒋隽：《〈中国法〉及其作者让·埃斯卡拉》http://www.chinalawlib.org.cn/LunwenShow.aspx? FID = 20081224141145450128&CID = 20081224141525500170&AID = 20090408162421630515，最后访问日期：2012 年 10 月 23 日。

② Kojève, CR de Liang Ch'i-ch'ao, *La Conception de la Loi et les Théories des Légistes à la Veille des Ts'in*, traduit et éd. par Jean Escarra（Pékin：China Booksellers, 1926），1927, NAF 28320, Fonds A. Kojève, BNF.

③ Kojève, CR et Liang Ch'i-ch'ao, *La Conception de la Loi et les Théories des Légistes à la Veille des Ts'in*, traduit et éd. par Jean Escarra（Pékin：China Booksellers, 1926），1927, NAF 28320, Fonds A. Kojève, BNF.

西学为用的争论中相持不下。西方的民主与法治是其政治文明最显著的标志或成果。梁启超在他将中国古代思想文化与西方基本理论和方法进行嫁接的过程中，着重将法在中国思想史中的发展进行了梳理，对法家思想的来源与主张进行了正本清源的工作，给予了法家思想极高的评价。梁启超认为，"以法治国的观念，至战国而始成立，古无有也"。① 古代的法，与刑罚同义，最初的时候只用于异族蛮夷，后来逐渐应用于本族人中的特殊阶级，所谓"刑不上大夫"说的就是这个道理。后来由于阶级界限逐渐模糊，而原来偶尔为之的惩戒手段也常规化，法的应用才广泛了起来。但总体来说，"刑罚以助成伦理的义务之实践为目的。其动机在教化，此实法律观念之一大进步也"。② 法家思想里的法的观念，也有广义的法与狭义的法之分，广义的法是"自然法则"，即以自然法为标准以示人行为之模范也。狭义的法是用公文公布出来的法律。梁启超认为法家是由儒、道、墨之末流嬗变汇合而成。但法家内部也有法治与术治和势治的区分。术治主义指的是统治者的统治之秘密术，势治主义说的是统治者依仗权势进行治理。法家的法治主义是严格区别于这两派的。梁启超认为，"法家根本精神，在认法律为绝对的神圣，不许政府动轶法律范围以外"。③ 粗看之下，这与近代西方的君主立宪制有非常相似之处。但梁启超很快指出了中国的法家与西方的法律思想的最大差别在于，中国法家思想中，"立法权不能正本清源"。④ 因为君主可以同时是法律的制定者与废除者，这就使法治失去了保障。"法而不议""民智之不可用"的论断实际上是将人当成了机械。梁启超认为中华民国虽有约法，但"政治习惯不养成，政治道德不确立，虽有冠冕世界之良宪法，犹废纸也"。⑤ 综上所述，梁启超虽然将法家与所谓的术治和势治区别出来，使其登上了中国思想史的大雅之堂，也指出了法治的保障在于使人民法律智识普及，但是他仍然认为法的最大流毒在于磨灭了人的个性，最终还是儒家所说"人能弘道，

① 梁启超：《先秦政治思想史》，第 58 页。
② 梁启超：《先秦政治思想史》，第 62 页。
③ 梁启超：《先秦政治思想史》，第 175 页。
④ 梁启超：《先秦政治思想史》，第 177 页。
⑤ 梁启超：《先秦政治思想史》，第 182 页。

非道弘人"。所以可以认为梁启超在儒家与法家之间是做出了取舍的。

然而从科耶夫对埃斯卡拉与宝道为该书所作的导论和序言的解读来看，几位法国译者认为中国的思维方式很难适应现代文明的要求，而中西方两种文化间的友好的前提条件之一就是中国世界观向西方的演化。这种演化最可能发生的领域就是法的领域，他们认为，"所有中国对法的理解中有价值的地方都是法家创造的，这些东西为新的中国奠定了基础，新的中国只需要发展这一基础，来达到西方已获得的成就"。① 对于梁启超最终的选择——儒家思想，译者们则在给予其应有的精神高度的同时，发现这一理想与现代生活的要求相悖，并且对中国有害。科耶夫最后这样评论道，在这两种世界观的斗争中，胜利最终属于儒家，而法家流派仅仅是中国思想史上的一个片段，这无疑是让译者失望的。

科耶夫眼中的中国

科耶夫本人对梁启超笔下的法家思想与法的概念又有着怎样的看法？科耶夫认为儒家、道家、墨家以及法家间的争议不具备所谓的特殊的原则性特征；在中国，法是为了达到对"礼"的尊重，而礼最终也是为了符合宇宙间的自然法则。因而法家不反对中国的世界观的主要思想，只是认为这些思想在当时的历史环境下对于理想的管理方式并没有帮助。他们关于法的学说并不是源于实际上的新思想，而是来源于现实政治的实际需要：他们与儒家的争议不是中国思想不同流派间的争议，而是实践政治家与哲学理论家（如果合适的话，可称为乌托邦主义者）间的争议。所以他们的法的概念与罗马法的思想没有任何共同之处：他们的法不是绝对的，它仅仅是国家手中的一种实用工具，而这种工具还处于与国家的职能关系中，或者确切地说是与其首领间的关系。正如梁启超所言，这不是因为法家学者们没有考虑好自己的前提条件，而是他们基本观点的直接后果。这样一来，在科耶夫那里，刚被梁启超从术治与势治中解救出来的法

---

① Kojève, CR de Liang Ch'i-ch'ao, *La Conception de la Loi et les Théories des Légistes à la Veille des Ts'in*, traduit et éd. par Jean Escarra (Pékin: China Booksellers, 1926), 1927, NAF 28320, Fonds A. Kojève, BNF.

治主义再一次遁入其所谓的"米奇维里"① 辈之列。科耶夫甚至认为，不能把法家视为亲西方的思想，他们学说的理论方面并没有任何创新之处，对中国的思想不具有深刻的影响。"即使希望在法家理论中寻找关于法的新学说，也不该忽略这种学说与中国一点关系都没有，甚至，中国当今的'西方主义者'也不完全赞同他们。"②

应该说，科耶夫的这一评论对于包括梁启超、埃斯卡拉等在内的试图从中国古代思想文化中寻找与西方现代政治文化的结合点的"保守派"人士来说都是釜底抽薪的一击。前已述及，梁启超面对西方思想政治文化时已经是慎之又慎，他在《先秦政治思想史》里也仅仅提出了法家学派接近西方君主立宪体制的可能性，最终还是认为应该回到儒家的仁治之道上来。科耶夫正确理解了"梁启超无法完全站到接近他自己支持的西方的法家观点那边去"，但同时又指出"作者（指梁启超——笔者注）的阐述违背了某种主观主义。一方面，他所采用的法家学派的概念极其宽泛，将所有观点与此学派采用的主要观点的定义相符的人都纳入了这个学派，而从另一方面看，他着重强调了支撑这一定义的引文，自己却什么都没说"。③ 进而，甚至在法的概念和法家学派与西方法的观念的相似性方面，科耶夫也对梁启超的立场给予了根本的否定。对于埃斯卡拉等译者，他又一针见血地指出，译者们出版这本书的直接目的是在中国传统学说中寻找亲西方的、关于法与国家的学说，从而用罗马法来改造中国人的生活与世界观，但显然这一目的并未达到。

科耶夫将法家与儒家的关系对应于实践政治家与哲学理论家或乌托邦主义者之间的关系的提法十分有趣，这种对应关系是否成立，已经超出了本书的讨论范围，仅就梁启超书中所言，他肯定不能同意这样一种解释。至于法国的中国通，中华民国国民政府的高级顾问们之所以选编这本书，看似仅仅是为了告诉他们的法国同胞，中国的法与法国的法有许多相似之处，应该用

① 梁启超语，即马基雅维利主义者。梁启超：《先秦政治思想史》，第 165 页。

② Kojève, Cr de Liang Ch'i-ch'ao, *La Conception de la Loi et les Théories des Légistes à la Veille des Ts'in*, traduit et éd. par Jean Escarra（Pékin：China Booksellers, 1926），1927, NAF 28320, Fonds A. Kojève, BNF.

③ Kojève, Cr de Liang Ch'i-ch'ao, *La Conception de la Loi et les Théories des Légistes à la Veille des Ts'in*, traduit et éd. par Jean Escarra（Pékin：China Booksellers, 1926），1927, NAF 28320, Fonds A. Kojève, BNF.

法国的法去改造中国的法。问题在于，毕竟不是所有的法国人都对这个遥远的东方世界里发生的事情感兴趣，也不是所有法国人都想来改造中国。因此法译本出版的一个可能的解释是，一方面告诉它的读者，中国的法跟法国的法有许多相似之处，从而有助于消除两个世界间相互理解中的障碍；另一方面，为什么不能是相反的输入？即法国的中国通们在向处于精神危机中的西方人介绍一种全新的东方世界对法的看法：在"法"之外，还有"礼"的存在，礼就是社会的自然法，如果法的形式有时可能不成功，那么礼或自然法的概念在任何时候都属于不变的范围。事实上，有研究者指出，埃斯卡拉在其所著的《中国法》中对传统中国法学流派予以评论时，所持立场与主张建设一个单由法律来维系的现实世界的西方学者之观点正好相左。他高度评价中国古代思想家的法学观念在国家政权建设中所起的卓越作用，并指出这些法学观念本身最终未被当作独立的绝对原则予以确立的正负效应。埃斯卡拉之所以对中国法推崇备至，就是因为中国法始终是以道德准则为基石。这些道德准则最终体现在反映事物自然秩序的社会风俗与行为习惯之中，故此自然秩序愈是保持稳态，行为个体及群体环境愈佳。① 在此意义上，或许倒真是应了梁任公所言——"精神救赎，在东方找材料"。

　　行文至此，我们不得不来分析一下科耶夫这些评论背后更深层次的原因了，这就带出了中国—西方—俄罗斯这座桥梁的末端，这位流亡巴黎的年轻人的祖国——俄罗斯。俄国革命中，大量俄国文人流亡巴黎，他们往往以沙龙或出版物为中心组成自己的社交网络。科耶夫来到巴黎后，与这些俄国流亡文人圈子保持了谨慎的距离。虽然他自己也与这些流亡的同胞一样，在革命中家破人亡，骨肉分离，然而按照科耶夫自己的说法，他甚至在革命发生后不久，就认为革命是不可避免的，是合理的，这就决定了他与那些流亡的"反革命分子"的分道扬镳。1920 年代的苏联似乎在西方人所认为的普适的民主法制的道路上越走越远，而西方世界尚对一战中俄国的背叛耿耿于怀。因此，此时对中国文化特殊性的证明似乎就是对俄罗斯走上了与西方完全不同的发展道路的最有力的辩护。中国文化除了是

---

① 蒋隽：《〈中国法〉及其作者让·埃斯卡拉》http：//www. chinalawlib. org. cn/ LunwenShow. aspx？FID ＝ 20081224141145450128&CID ＝ 20081224141525500170&AID ＝ 20090408162421630515，最后访问日期：2012 年 10 月 23 日。

科耶夫学生时代的学习兴趣所在，此时还成了他对苏维埃体制的重要反思资源。他甚至在书评的结尾处直接写道："如果中国与西方——罗马对法与国家的不同见解的主要差异令欧美人担心的话，那么，对于欧洲来说，这就是另外一回事了：那些在中国与西方接近道路上的障碍可以被当做'天朝'与欧亚联盟的民族间互相理解与紧密合作的基础之一。"① 即是说，中国与西方在法与国家问题上的不同见解，完全可以成为中国与俄罗斯相互理解与紧密合作的基础！

科耶夫在文中对共产主义只字未提，或可解释为是他想在政治之外来谈论思想与文化的特殊性问题。单就思想层面而言，需要指出的是，在1930年代，科耶夫开设黑格尔导读讲座时，他完全接受了黑格尔的历史哲学，认为历史在法国革命之后就告终结，不论是俄国革命还是中国革命都是法国革命的重复。他在1943年的《法权现象学纲要》中更是指出，历史的发展方向是普遍均质国家，如果把普遍均质世界比喻成一个蛋糕的话，那么从这个蛋糕的任何一个角落切下一块，都能完好地放置到另一个角落里去。正是这样一位普适性的信仰者在他的年轻时代却苦苦地从对中国文化的思考中寻找是否存在文化特殊性这个问题的答案。可以说，对科耶夫所写的这些与中国有关的书评的解读为我们从另一个角度展示了一个在文化的普遍性与特殊性之间焦虑、矛盾的流亡巴黎的俄国青年的心路历程。然而也许让科耶夫始料未及的是，在他的晚年，还是在东方，一次日本之行又让他不得不再一次修正这个关于普遍性与特殊性问题的答案，即通往历史的终结除了有美国化方式之外，还存在另外一条道路，即他所谓的日本道路。

科耶夫一生两次访问日本，仅于逝世前一年即1967年来过中国。这年春他从香港入境，参加广州春季出口商品交易会，顺访北京。对于这次访问，由于档案解密的限制，我们除了科耶夫本人留下的图片资料外，再无任何资料可考。② 科耶夫在他生命的66年中，虽然与他从小就热衷的

---

① Kojève, Cr de Liang Ch'i-ch'ao, *La Conception de la Loi et les Théories des Légistes à la Veille des Ts'in*, traduit et éd. par Jean Escarra（Pékin: China Booksellers, 1926），1927，NAF 28320, Fonds A. Kojève, BNF.

② 这些图片资料保存于法国国家图书馆中。由于科耶夫在大部分照片上都做了详尽的时间、地点的标识，笔者得以据此来推断他1967年来华的行程安排。

中国乃至东方有着十分有限的直接接触，但中国与东方世界对他的思想与
知识体系的形成和发展无疑产生过至关重要的影响。这个由东方到西方，
再转向东方的摇摆，这个在文化的普适性与特殊性之间的抉择或许本身就
是古今中外的思想者们毕其一生之力都难以穷尽的问题。

第二节　科耶夫在中国

在 20 世纪 80 年代或更早的时候，科耶夫已经引起了一些研究黑格尔
的中国学者的注意。据高全喜回忆说，有一次他在贺麟先生家中看到那本
科耶夫的《黑格尔导读》，"贺先生并不认为此书有多重要，不过他还是
提醒我科耶夫的有些观点值得注意，不妨一读"。[①] 然而科耶夫真正意义
被引进中国，却是一个意外。这一意外发生在中国第三次大规模引介西方
学术著作的历史时期。[②]

施特劳斯热

科耶夫被中国思想界真正认识并熟知源于中国学人对施特劳斯的
引介。1980 年代，中国的思想界在摆脱了长期的思想桎梏后，成为文
化浪漫主义狂飙突进的试验田。1980 年代末，当一系列试验以失败草
草收场的时候，亲历者们开始了抽丝剥茧的痛苦反思。"一方面为那
个时期的如火如荼的激情和乐观的启蒙精神所感动，另一方面也看到
了那种人文主义的幼稚和可笑。"[③] 在此情况下，新左派作为自由派的
对立面登上了历史舞台。中国的新左派主要是对西方自由主义进行反

---

① 高全喜：《论相互承认的法权》，北京大学出版社，2004，第 3 页。
② 在刘小枫看来，从 1898 年严复翻译《天演论》开始至今，中国学界已经三次引人注目
　　地引介西方学术思想。第一次是从 1898 年到五四时期。五四运动之后到 1966 年，算是
　　第二次引介时期，最高成就是我国翻译西方"政法诸书"的第一个汉译全集——汉译马
　　恩列斯全集基本竣工，按马克思主义观点拟定的西方历代名著汉译计划亦见雏形。1980
　　年代兴起的引介热潮是第三次，迄今仍在持续。严复挑选的西方学术名著，大多属于现
　　代西方自由主义一脉，五四运动以来的西学翻译并没有更改严复的基本着眼点，而是扩
　　展了中国知识人接受西方现代启蒙主义的视野。见刘小枫《施特劳斯与中国：古典心性
　　的相逢》，《思想战线》2009 年第 2 期，第 59 页。
③ 高全喜：《论相互承认的法权》，第 2 页。

思与批判，反对市场经济理论、提倡人民主权原则、重视社会公平原则、反对官僚主义和贪污腐败、批判经济全球化的负面影响，主要代表人物包括汪晖、崔之元、甘阳等，还包括施特劳斯的引介者刘小枫。

刘小枫是第一位真正意义上将施特劳斯介绍到中国的学者。虽然此前施特劳斯的一些作品也偶有被翻成汉语，但都是源于对西方政治思想的一般兴趣。直到 2002 年，刘小枫在《西方现代性的曲折与展开》中收录了施特劳斯的五篇论文与两篇导论，同年《施特劳斯与古典政治哲学》① 出版，"施特劳斯热"才开始逐渐升温。此后刘小枫先后写就了《刺猬的温顺》《施特劳斯的路标》《尼采的微言大义》等文章，产生了一定影响。据刘小枫自己说，他是通过施密特研究而进入施特劳斯的研究领域的，并以"古典心性的相逢"来形容自己与施特劳斯的"一见钟情"。刘小枫看重施特劳斯的正是后者从对古典的研究来达成对现代理性主义的批判。不知是不是出于同样的原因，刘小枫此后开始不遗余力地推动古典研究，主编了"经典与解释"系列丛书，还创办了《古典研究》杂志，以期推动对东西方思想的重新思考。施特劳斯学派对古典的研究方法有如注经，却并不完全是我注六经式的注疏。正如甘阳所说，施特劳斯研究古典的出发点永远在当下。施特劳斯是看到了现代社会的弊病积重难返，而这种弊病又无法在现代社会内部克服，方才号召人们返回古代去寻找答案。这就决定了这种兴趣不是纯古典的。于施特劳斯是如此，于刘小枫亦然。由此也可以解释，为何施特劳斯热最终招致了自由主义一派学者的批评与反击。

科耶夫进入中国

科耶夫是施特劳斯的挚友，他们都认为彼此是为数不多的、能与之讨论真正哲学问题的人。科耶夫被引介到中国在某种意义上说是施特劳斯热的延续，也是施特劳斯热的"副产品"。自 2003 年起，陆续有一些关于

---

① 　刘小枫主编《施特劳斯与古典政治哲学》，上海三联书店，2002。

科耶夫的研究见诸文字。① 这些研究多是围绕科耶夫的黑格尔研究展开，主要参考的资料为英文版的《黑格尔导读》②、刘小枫选编的文集中收录的科耶夫的文章③及施特劳斯弟子的相关作品④。高全喜在 2004 年出版的《论相互承认的法权》中用了近百页的篇幅来讨论科耶夫的思想，并且首次参考了英文版的《法权现象学纲要》。2005 年，《黑格尔导读》的中译本由译林出版社出版，该书的出版对人们在一般意义上了解科耶夫的主要思想起到重要推动作用，在一定程度上成为人们谈论科耶夫思想的主要依据。2007 年，加拿大学者德鲁里的《亚历山大·科耶夫：后现代政治的根源》一书翻译出版，极大地充实和丰富了学人对科耶夫的认识。此后，邱立波为将科耶夫引进中国做出了不懈努力。2008 年，由他编译的《科耶夫的新拉丁帝国》一书出版，该书在汉语学界第一次披露了科耶夫的《法国国事纲要》全文、科耶夫与费萨尔神父的通信、科耶夫与施密特的通信以及科耶夫的《从欧洲视角看殖民主义》一文。与此同时，还选编了大量国外学者论科耶夫与国际秩序的颇具影响力的论文，为读者了解科耶夫其人其事提供了一手的资料。关于该书选编的缘起，作者也坦言"编译的缘起是向刘小枫先生自告奋勇要求翻译《法国国事纲要》。后来先生看我收集资料比较方便，便让我索性再搜集其他相关文章，编一个科耶夫的专号"。⑤ 此后，便是一发不可收，先后有了 2009 年召开的"科耶夫与现代世界秩序"学术季度会议及第一期《大观》杂志对该会议成果的相关介绍。2011 年由邱立波先生翻译的科耶夫大部头著作《法权现象学纲要》中文版⑥终于面世，在该书中还附进了科耶夫年谱，至此，国人

①　如严泽胜：《科耶夫：欲望和历史的辩证法》，《外国文学》2003 年第 6 期，第 47～52 页；张亮：《欲望，死亡与承认：科耶夫式黑格尔哲学的三个关键词》，《江苏社会科学》2004 年第 3 期，第 3～5 页。

②　A. Kojève, *Introduction to the Reading of Hegel*, trans. by James II. Nichols (New York: Basic Books, 1969).

③　科耶夫：《黑格尔、马克思和基督教》，《驯服欲望——施特劳斯笔下的色诺芬撰述》，第 1～25 页。

④　S. 罗森：《作为政治的解释学》，宗成河译，刘小枫主编《施特劳斯与古典政治哲学》，第 191～264 页。

⑤　科耶夫等：《科耶夫的新拉丁帝国》，第 18 页。

⑥　科耶夫：《法权现象学纲要》，邱立波译，华东师范大学出版社，2011。

对科耶夫的生平有了大致的了解。2013 年，迄今为止学术界唯一一本介绍科耶夫生平的传记《亚历山大·科耶夫：哲学、国家与历史的终结》翻译出版，推动科耶夫研究走向深入。①

　　说科耶夫引介是"施特劳斯热"的"副产品"，是因为在中国学界，人们是通过施特劳斯热认识了科耶夫。如上所述，施特劳斯研究在中国的兴起是偶然中带着必然。引用刘小枫自己的一句话来说"回答为什么我们要引进施特劳斯，第一个理由就是：我们由此得以摆脱百年来对西方现代的种种'主义''盲目而热烈的'追逐"。② 然而一旦选择了施特劳斯，他的挚友科耶夫走进人们的视野也就是必然的——这个谜一样的人物，他聪明绝顶，对世事有着惊人的洞察力；他圆滑狡黠，总是在真真假假之间让人无从捉摸；他性格孤傲却又学富五车，常有灵光一现的神来之笔，对他的研究和阐释往往超越了主义之争的界限。

科耶夫研究的具体情况

　　中国的科耶夫研究主要集中在哲学、历史、国际关系等几个领域。首先也是最为重要的是在哲学方面，作为黑格尔的重要解读者，科耶夫几乎是从进入中国之初就开始引起哲学界的重视。研究者们最感兴趣的话题是科耶夫对欲望、承认与辩证法的阐释。③ 具体说来，研究者们基本同意：科耶夫将主奴辩证法在历史当中具体地展开，认为人类历史就是一个主奴

---

① D. 奥弗莱：《亚历山大·科耶夫：哲学、国家与历史的终结》。
② 见刘小枫《施特劳斯与中国：古典心性的相逢》，《思想战线》2009 年第 2 期，第 60 页。
③ 如严泽胜：《科耶夫：欲望和历史的辩证法》，《外国文学》2003 年第 6 期，第 47～52 页；张亮：《欲望，死亡与承认：科耶夫式黑格尔哲学的三个关键词》，《江苏社会科学》2004 年第 3 期，第 3～5 页；仰海峰：《〈精神现象学〉中的主人—奴隶的辩证法——科耶夫〈黑格尔导读〉的核心理念》，《现代哲学》2007 年第 3 期，第 38～43 页；夏莹：《科耶夫对黑格尔辩证法的批判及其存在论本质辨析——兼论如何理解科耶夫的"哲学人类学"》，《学海》2010 年第 6 期，第 93～100 页；张生：《从寻求"承认"到成为"至尊"——论巴塔耶通过科耶夫对黑格尔的主奴思想的吸收》，《现代哲学》2011 年第 4 期，第 22～29 页；范志均：《论黑格尔的承认辩证法——对科耶夫的批评》，《江西社会科学》2012 年第 5 期，第 41～45 页。

不断斗争而最终由奴隶取得胜利的历程；科耶夫的欲望概念建立在人与自然的二元本体论的基础上，即自然的欲望是对一些既定事物的欲望，而人的欲望是对这种欲望的否定；① 科耶夫将黑格尔的辩证法理解为一种本体论的辩证法而非一种认识论意义上的辩证法。

在一些方面，研究者们也有不同的意见。例如在奴隶战胜主人后，历史终结了，然而这究竟意味着末人世界的到来还是人的自由的全面实现？严泽胜认为："科耶夫并没有把历史的终结看作基督教式的千禧年的福音，或马克思式的'自由王国'，而是看作尼采式的'末人'世界：历史的终结意味着人的死亡，意味着人的再度动物化，像尼采所说的，'没有牧人，只有一群畜生！'"② 仰海峰则认为，"科耶夫所谓的历史的终结并不是在消极的意义上来说的，历史的终结在他看来实际上具有人与人之间承认的实现的意义"。③ 他指出科耶夫的真正意思是要说在历史终结的时候，人才能真正地实现自己的自由。范志均在某种意义上也认为科耶夫的普遍均质国家是末人式的，他依据对主奴辩证法的逻辑分析指出，"合乎承认辩证法的结论应该是，历史经过主人被承认，到奴隶争取承认，再到主人与奴隶的承认综合，公民欲求的普遍性价值和劳动者欲求特殊性价值被所有人承认，前者是国家承认，后者是家庭—社会承认，由家庭—社会和国家统一，形成普遍而特殊的伦理实体"。但是"由于科耶夫消解了主人的实体性承认欲求，只保留奴隶的个体特殊性承认欲求，承认的辩证法被他简化成奴隶争取承认的辩证法"。④ 他进而借助对希腊伦理实体的考

---

① 根据夏莹的研究，迪克陶对科耶夫的这种二元论进行过批判，主要集中在二元论的抽象性与非辩证性方面。迪克陶认为黑格尔哲学试图消灭的就是思维与存在、主观与客观的尖锐对立，但是科耶夫的二元论将自然理解为一个非辩证的世界。这种批评也是科耶夫研究界的一个基本基调。夏莹反驳道，科耶夫的人与自然的二元论并非空间意义上的，而是时间意义上的。就是说自然在人诞生之前存在，人一旦诞生，自然就消失了，真实世界就转变为精神（金指环）。见夏莹《论科耶夫哲学要义及其对现象学的误读——以对〈科耶夫给唐·迪克陶的信〉的解读为基础》，《现代哲学》2012 年第 2 期，第 47 页。

② 严泽胜：《科耶夫：欲望和历史的辩证法》，《外国文学》2003 年第 6 期，第 52 页。

③ 仰海峰：《〈精神现象学〉中的主人—奴隶的辩证法——科耶夫〈黑格尔导读〉的核心理念》，《现代哲学》2007 年第 3 期，第 43 页。

④ 范志均：《论黑格尔的承认辩证法——对科耶夫的批评》，《江西社会科学》2012 年第 5 期，第 43 页。

察得出，在伦理实体中，"不仅个体性的承认欲望在家庭和社会中得到满足，而且实体性的普遍的承认欲望在国家中也得到满足，如果前者是末人式的，后者则是高贵的，它欲求的是普遍物，扬弃了其特殊性"。① 同样是关于欲望的问题，还有观点认为"虽然科耶夫也以人之欲望的存在论分析突破了传统形而上学所固守的意识内在性，但是由于他没有涉及'社会的人'，也没有去探寻现实经济事实的哲学视域，这就导致了其对于历史性的展开，带有更多的'理论'色彩，从而大大削弱了其所蕴含的现实性原则"。②

　　值得注意的是在哲学领域，人们关注科耶夫的另一侧重点与科耶夫对马克思的继承有着密切的关系。例如在 2012 年第 2 期的《现代哲学》上刊载的一篇《劳动形而上学与政治经济学批判——以劳动问题为轴心的科耶夫与马克思的比较性研究》，就以劳动为切入口，较好地比较了科耶夫与马克思在劳动问题上的异同。作者指出，在黑格尔那里，劳动是意识的自我否定性活动，是思辨的精神的活动，而在科耶夫那里，劳动则表现为现实的人的活动。尽管如此，科耶夫与马克思对劳动的认识还是有着质的区别，因为"科耶夫用马克思劳动概念所构造的哲学形态带有强烈的人本主义色彩，而马克思却以劳动概念为契机扬弃了费尔巴哈的人本主义"。故而，人本主义在马克思哲学思想中只是昙花一现，但它却构成了科耶夫哲学的基本底色。③ 在吴冠军看来，作为马克思化的黑格尔主义者，科耶夫通过辩证法的否定及其终点位置，发展出了黑格尔式辩证法的"两张面孔"——革命者与极权者。"革命之后怎样"这个问题是真正困扰科耶夫的政治哲学问题。他对这个问题的回应（极权主义管理），实则源于黑格尔式辩证法自身的内在结构性困境。④

---

① 范志均：《论黑格尔的承认辩证法——对科耶夫的批评》，《江西社会科学》2012 年第 5 期，第 45 页。
② 崔唯航：《意识的内在性问题与历史之思——论科耶夫与马克思对意识哲学的批判及其路径差异》，《学海》2010 年第 6 期，第 107 页。
③ 崔唯航：《劳动形而上学与政治经济学批判——以劳动问题为轴心的科耶夫与马克思的比较性研究》，《现代哲学》2012 年第 2 期，第 38 页。
④ 吴冠军：《辩证法之疑：黑格尔与科耶夫》，《社会科学家》2016 年 12 月，第 24～29 页。

在法哲学与国际关系方面，高全喜与邱立波进行了颇有成效的研究。高全喜在《论相互承认的法权》中，对科耶夫从《黑格尔导读》向《法权现象学大纲》的转变给予了关注。他指出科耶夫试图用平等原则与对等原则的综合——公正原则来建构普遍均质国家当中的法权体系。"从一方面来说，司法意义上的法律从根本上讲是依赖于政治性的法律的，亦即在国内事物中司法是从属于政治的。专属性司法集团的独立性最多只是在市民社会里有效，而在涉及到其他国内事物时便只能服从于政治集团。"所以，高全喜得出了这样的结论：科耶夫在国内问题上的看法是敌友政治论的，但在国际政治问题上却是永久和平论的提倡者。① 而邱立波则通过对《法权现象学纲要》与《法国国事纲要》的对比，发现了两者之间的内在矛盾：前者要建立一个普遍均质的世界，但后者则提倡建立一个以法国为中心的新拉丁帝国。邱立波认为，这一从《法权现象学纲要》到《法国国事纲要》的内在矛盾也许只能用科耶夫的"两面三刀"的用心来解释，即前者才是科耶夫作为哲学家的窃窃私语，后者不过是其穿上政客行头之后的用世之作。然而笔者认为如果能将这两个结论结合起来看的话，似乎可以为这些看似矛盾的逻辑梳理出一些合理的地方。正如邱立波所说，普遍均质世界是科耶夫对历史演进的最终判断。只不过向这个目标的发展却要经历一个过程，这个过程就包括了敌友划分的民族国家，甚至是新拉丁帝国这样的民族国家间的联合，正是这样一步步的融合，才为最终的普遍均质化的历史走向奠定了基础。

布迪厄指出，外国作品的意义与功能取决于接受场域与源头场域，接受的过程又包括挑选、出版、前言等。通常，对于一位外国作者而言，重要的不是他们所说的，而是那些人们要他们说的。因此，本身思想更具有弹性的作者能够得到更为广泛的传播。② 如果说左翼知识精英在发掘施特劳斯的时候偶然找到了科耶夫，人们借助了科耶夫与令其闻名遐迩的

---

① 参见高全喜《论相互承认的法权》；一行：《从〈现象学〉到〈法哲学〉：一个自由主义者的'政治成熟'——评高全喜〈论相互承认的法权〉》，《世界哲学》2006 年第 6 期，第 99～105 页。

② Pierre Bourdieu，"Les conditions sociales de la circulation internationale des idées，" *Actes de la recherche en sciences sociales* 145（2002），pp. 3 - 8.

《黑格尔导读》，终于可以企及黑格尔艰深晦涩的《精神现象学》却是不争的事实。对于自由主义一脉来说，尽管科耶夫作品里流露出来的施密特意味是他们所不愿看到的，但科耶夫对现代社会的原子化的诊断，对于法在社会中的排他性地位的批评确实闪烁着智慧的光芒。科耶夫被中国学人关注的另一个重要原因，与其从政的经历或其政治哲学的取向不无关系。严搏非在《亚历山大·科耶夫：哲学、国家与历史的终结》编后记中坦言，学界对科耶夫的兴趣有二，一是后者的思想如"普遍均质国家"及"历史的终结"以及他与施特劳斯的争论等。二则源于他近乎传奇的生平，他的那种将对"绝对知识"的探究转化为直接的"政治实践论述"（即他所从事的欧洲的政治建构）的传奇历史。① 中国知识人自古就有"学而优则仕"的传统，他们在经历 1980 年代的时代剧变之后，开始反省在大众和社会中究竟应该如何自处的问题。这一问题也在科耶夫与施特劳斯的争论中表现得淋漓尽致，一方面是施特劳斯主张哲学家对政治保持一种谨慎态度的保守自由主义；另一方面是科耶夫主张政治与哲学可以并行不悖，甚至哲学能够借助政治来达成。"哲学应当放弃对'王制'的追求，应该致力于启蒙大众和妇女，当所有人在同一个水平上可以相互置换的时候，人类的历史便告终结。哲人的使命因此是宣传，是让所有人共享一个真理或非真理。"② 在某种意义上说，该问题对应的正是 1990 年代以来中国学术界争论的一个核心问题——中国到底需要怎样的政治哲学？

　　近年来，中国学者对科耶夫的关注拓展到更为广泛的领域。例如研究科耶夫的艺术观与其思想体系的融贯自洽问题，③ 研究齐泽克经由拉康对科耶夫的继承与对抗问题等。④ 科耶夫研究有待深入的方面还有许多，对他的主要学术作品的翻译和研读或将为更好地推进这一研究打下良好的基础。

---

① 严搏非：《写给亚历山大·科耶夫》，https：//site. douban. com/108539/widget/notes/13110934/note/316031701/，最后访问日期：2019 年 6 月 30 日。

② 科耶夫：《法权现象学纲要》，第 3 页。

③ 张尧均：《后历史时期的生活和艺术——科耶夫的艺术观》，《同济大学学报（社会科学版）》2016 年第 6 期，第 55 ~ 64 页。

④ 吴冠军：《齐泽克与科耶夫——辩证法的隐秘学脉》，《同济大学学报（社会科学版）》2017 年第 3 期，第 96 ~ 101 页。

第三节　知识生产与传播

从以上讨论中，我们可以清楚地看到中国知识界是在何种语境下开始注意到科耶夫的。在某种意义上说，科耶夫在中国的传播，与他 1930 年代在法国思想界的声名鹊起有着某种相似之处——他对黑格尔的解读满足了人们在他们要求的政治有效性的马克思主义中，寻找一条他们不陌生的，不打扰他们哲学习惯的道路。由此可见，知识传播本身是建立在诸种环境、兴趣与选择的基础之上。然而，通过对科耶夫的深入研究，人们发现他的知识体系充满了矛盾与紧张，以致任何一方都能从他那里获取反思的资源甚或是战斗武器。

知识体系的建构与传播

严格说来，科耶夫的知识体系有几个重要的思想源头，包括 20 世纪初俄罗斯的文化与宗教、东方语言与文明、德国哲学的浸润等。当然客观上，最终使他的知识生产大放异彩的是两次世界大战之间法国知识界的特殊生态。在同为俄裔流亡学者的科瓦雷的引领下，以巴黎高等研究实践学院的"黑格尔导读"讲座为中心，科耶夫成为 1930 年代，甚至是迄今为止法国最具影响力的黑格尔布道者。以他为代表的这一代年轻的哲学从业者们从边缘向主流发起了强有力的挑战。

就知识本身而言，科耶夫是体系建构的狂热爱好者。他在晚年试图更新黑格尔的哲学体系，并为之整理出了上承前苏格拉底，下至康德的三卷本西方哲学史。而且，作为黑格尔的继承者，科耶夫的理论建构还具有目的论的意味。盖尔斯顿指出，西方现代的"历史观念"大体经历了三个阶段，第一阶段是"进步观念"的提出，人们相信科学技术的进步必然会给人类带来福祉和光明。第二阶段是"历史观念"的提出，认为"历史"作为一个总体过程必然地甚至不以人的意志为转移地走向自己的终点，这个终点就是人类的"目的王国"即自由王国。第三阶段是存在主义的历史主义的观念，即认为历史根本就没有方向，更没有目标，甚至根本不存在所谓的"历史"。① 一般认为第一次世界大战是历史观念说与历史主义的分水岭。因为大战使得人们对康德和黑格尔的"总体历史"观不再相信，所谓"历史"至多是某个"特别时刻"的突然来临或"绽出"，这种"绽出"既无法预料，更没有任何因果必然性。然而科耶夫却通过将存在主义嫁接到黑格尔主义身上，成功地缔造出一种混合着存在主义与本质主义的历史观念。

存在主义体现在他对"人的存在 = 行动 = 否定性 = 劳动 = 生死斗争"这一理论的演绎上，甚至在"否定性的起源就是死亡"的表述上同海德格尔的"向死而生"竟是如出一辙。本质主义表现在他对绝对知识的高扬与历史终结的判断上。尽管否定性在科耶夫那里如此受到珍视，但他绝对不主张永恒的否定性，这也是他与曾经的学生——巴塔耶的根本分歧所在。科耶夫认为在经历了不断的否定与扬弃之后，最终奴隶必然战胜主人，阶级不复存在，历史在"普遍均质国家"中落下帷幕，这就是历史发展的必然方向。这一颇具马克思主义色彩的对黑格尔的解读（误读）对 1930 年代着迷于马克思主义的法国精英们产生了巨大吸引力。而那些对存在有着焦虑的人们也能从中找到自己的慰藉。R. 奎诺在回忆他与黑格尔的相遇时说到，"这是科耶夫的黑格尔，绝对和循环的知识的黑格尔，他使我们不禁想到海德格尔。在第 170 页（巴塔耶《内心体验》）的注解 1 中，巴塔耶承认他于科耶夫的解读受益良多，并同时指出，克尔恺郭尔对黑格尔的批评是如此肤浅，而尼采，这个让巴塔耶满心景仰的人，对黑格尔的理解也毕竟过于中规中矩了"。②

需要强调的是，历史终结观念在科耶夫的知识体系中具有十分重要的作用。正如我们一直所说的，历史终结论是科式理论的逻辑起点也是终点，在此基础上他构建起其关于国家、社会、个人（知识分子）的思考。科耶夫并未像阿隆那样走向某种意义上的历史相对主义或经验主义。他在忙着批判完了哲学家们思考的不是真理而是哲学之后，宣布自己已经和黑格尔一样获得了真理或智慧。这无异于是在向爱智者们宣称，无论他们如

---

① 列奥·施特劳斯：《自然权利与历史》，彭刚译，生活·读书·新知三联书店，2006，第13 页。

② Raymon Queneau，«Première Confrontation avec Hegel»，*Critique* Aug-sept（1963）：700.

何努力都是枉然，因为科耶夫本人已经获得了人类社会的全部秘密，历史必然是这样发展然后走向终结。在此，我们仿佛看到科耶夫的脸上掠过了蒙娜丽莎一般的诡异一笑。

　　第二次世界大战的爆发将战前通过理论来接触政治的知识精英们推向了政治实践的最前沿。科耶夫曾经在与施特劳斯的争论中确认过自己对哲学王的欣赏。在他看来，既然历史终结后，智慧已经显现，人们所能做的就是去努力地理解这一绝对知识，并且将之作为一种意识形态，通过不懈的努力去实现。然而在合作还是抵抗的选择中，在左派还是右派的站队中，在关于殖民主义问题的摇摆中，我们却看到科耶夫的多重面向：时而同情民族革命，时而宣扬普遍均质国家，还曾撰文探讨建设新拉丁帝国的有关问题。在政治取向上，总是游走于左右之间，在政治殖民主义这个问题上，经历了从支持到反对的态度转变。知识精英在进行知识生产时经常遇到的问题是如何解决自己的理论与现实之间的矛盾，在这一点上，科耶夫反对对理论进行一种预定论的阐释，于他而言，如果说历史终结于普遍均质国家是他所谓的"善"，那么行动只要在广义服务于这个善的目标就足够了。事实上，在战后作为"哲学王"的政治生涯中，科耶夫不止一次地修正自己的认识。他在年轻的时候以为在东方能够找到拯救现代文明的良方。在黑格尔导读讲座之后，又信服于黑格尔关于人类历史发展的普遍性的这一看法，认为人类的历史必然是走向完全美国化的发展道路，人们重新回归到艺术、玩乐、游戏等无所事事的动物性状态中。然而在去世的前一年，科耶夫通过日本之行，又发现存在另外一条历史终结后人类社会的发展道路——日本道路，认为人们能在茶艺、插花、能乐等附庸风雅的艺术形式中将否定性延续下去，从而区别于之前的美国化道路。科耶夫将这些修正明白地写入了他的著作中。可见，在科耶夫那里，真理与知识并非一蹴而就的，并非永恒不变的与普遍的。知识更多地表现出一种规范意义上的普遍性而非事实层面上的普遍性。

　　科耶夫知识体系中的弹性机制为他的广泛传播起到了重要的助推作用。巴塔耶与阿隆均为科耶夫"黑格尔导读"的忠实听众，却在有选择地接受了科耶夫解读的黑格尔之后最终走向截然不同的理论与实践方向。他们二人，包括讲座的其他忠实听众奎诺、马若兰、拉康、梅洛－庞蒂等对科耶夫的极力推崇是构建科耶夫神话的决定性环节。

科耶夫神话的启示

亚历山大·科耶夫在 1930 年代通过对黑格尔的解读完成知识再生产，对 1933 年一代乃至此后的法国知识精英产生深远影响，被誉为法国思想界的神牛。他的知识体系充满了矛盾与紧张，他对黑格尔的解读也充满了存在主义与马克思主义的色彩。同样的，科耶夫在法国与中国的传播也是一系列自主选择的结果。福柯认为知识考古学的任务不在于治疗各种身体的和精神的疾病，将它们纠正为真理。而在于识别出它们所处的时代层面，寻求关于这些病的知识在不同层面的不同形态，追究其之所以可能的理由。本书的目的，一如此前所言，与其说是去探究科耶夫知识生产与传播中的真理与延续性，不如说是去考察那些真理、谬误与断裂是如何产生的。

科耶夫神话的建构与其思想体系本身的丰富内涵密不可分，同时也受到其鲜明的个性特征、个人经历、社交网络、社会思想环境、政治形势、学术生态等因素的影响。我们对社会环境、政治形势与学界生态已经有过大量的讨论，在科耶夫神话留给我们的诸多启示中，也许我们尚能最后列出以下几点。

第一，科耶夫鲜明的个性特征、渊博的知识面、俄国流亡者的身份以及显赫的家庭背景（例如与康定斯基的伯侄关系）均有助于他在 20 世纪上半叶的法兰西思想界将其所拥有的文化资本转化为象征资本。而他战后的从政经历无疑从理论与实践两个层面强化了之前的神话建构。甚至科耶夫在法国与中国的传播过程中，在哲学之外的领域，他作为政治家与哲学王的一面往往受到更多的关注。

第二，科耶夫喜欢谈论"绝对知识"而非知识。在绝对知识这个问题上，在今天的思想界，尤其是法国知识界，福山 20 年前做的判断至今仍然未发生太大的变化——"二十世纪那些最深刻的思想家们已经直接攻击到'历史是一个连续的或是一个可以了解的过程'这一观点。实际上，他们否认的是：人类生活的任何一面都具有哲理"。① 黑格尔算得上

---

① 弗朗西斯·福山：《历史的终结及最后之人》，第 11 页。

是这个被"攻击"的头号对象，但这丝毫不影响人们去阅读他的《精神现象学》或《法哲学原理》，并从中汲取营养。同样，对于参与科耶夫神话构建的科耶夫的朋友们来说，他们承认受惠于科耶夫思想的启迪，同时亦能将之与其知识体系中捉摸不透或"谬误"的东西予以区别看待。

第三，科耶夫通过理论切入政治，这是其知识体系获得1930年代乃至此后的知识精英们广泛关注与传播的重要因素。他的国家观有着极为丰富的层次。在权力的来源和国家的起源问题上颠覆了经典的自然权利论和契约论的解释，将哲学人类学意义上的权威转化为权力，强调国家的政治性与非工具性，为人们思考国家的来源与实质问题提供了一个独特视角。"为了承认的斗争"作为道德之维被引入其社会历史发展的动力机制中，构成其解释人类历史发展的主线。与施密特的政治存在主义不同，科耶夫的最终目的是要在政治背后寻求个人与国家的统一，这种统一与其说是法的或政治的，毋宁说是介于二者之间。此外，科耶夫对要做反思的公民而非只局限于口头批判的知识分子或者是忠诚的公民的论述，对于知识的生产者来说，亦十分具有启迪意义。

第四，科耶夫具有较强的行动力。在23年的"哲学王"生涯中，他利用自己通晓多国语言的能力、训练有素的哲学家思维、渊博的知识成为欧共体与关贸总协定谈判桌上的一位令人敬畏的对手。密特朗总统在多年以后还能回忆起当年这个与他共事过，并给他留下深刻印象的同事。科耶夫是幸运的，他所着力推进的欧洲农业贸易协定的谈判与欧共体建设都符合他在理论上对普遍均质国家的一个基本判断。他的成功也说明了哲学与政治和谐相处的可能性。而这种和谐相处也并不一定如阿尔都塞所说的那样，一定要从某个立场出发才能来谈论哲学。当然哲学家的政治行动本身还建筑在诸多条件的基础之上，如他不能根据自己的想象来介入政治，不能纯粹依据自己的理论来指导行动。他的政治行动应当是建立在对政治社会和政治现象有一个经验的掌握与了解之上。在这点上，科耶夫与阿隆是很好的例子，因为他们几乎都成了经济学家。

第五，宽广的视野。科耶夫在俄国、德国与法国生活、学习和工作的经历，他的自身兴趣及他的受教育环境使然，他对东方思想与文化，主要是中国、印度、佛教文化等都有一定了解，同时又熟读古希腊以来的西方经典，尤其是德国哲学。这就使他在思考问题时具有一种国际的视野，从而有助于他直面诸种文化之间的差异与隔阂，以一种更为超然的态度来面对不同思想文化之间的碰撞。在政治上，这种视野也使他较早地感受到区域联合的重要性。事实证明，欧洲建设发展到今天已经被认为是二战遗留下来的一笔最可贵的财富之一。

参考文献

档案资料

科耶夫手稿：NAF28320，Fonds A. Kojève，法国国家图书馆藏。

巴塔耶手稿：NAF28086，Fonds G. Bataille，法国国家图书馆藏。

专 著

阿尔都塞：《哲学与政治——阿尔都塞读本》，陈越编译，吉林人民出版社，2003。

阿纳森：《西方现代艺术史：绘画·雕塑·建筑》，邹德侬等译，天津人民美术出版社，1994。

巴塔耶：《色情、耗费与普遍经济：乔治·巴塔耶文选》，汪民安译，吉林人民出版社，2001。

彼得·奥斯本：《时间的政治》，王志宏译，商务印书馆，2004。

布迪厄：《实践与反思——反思社会学导引》，李猛、李康译，中央编译出版社，1998。

查尔斯·泰勒：《黑格尔》，张国清、朱进东译，译林出版社，2002。

迟轲主编《西方美术理论文选：古希腊到 20 世纪》下册，邵宏等译，江苏教育出版社，2005。

崔唯航：《穿透"我思"——对科耶夫欲望理论的存在论研究》，中国社会科学出版社，2014。

D. 奥弗莱：《亚历山大·科耶夫：哲学、国家与历史的终结》，张尧均译，商务印书馆，2013。

德贡布：《法国当代哲学》，王寅丽译，新星出版社，2007。

范莉：《亚历山大·柯瓦雷的科学编史学思想研究》，科学出版社，2017。

福柯：《知识考古学》，谢强等译，三联书店，1998。

高全喜：《论相互承认的法权》，北京大学出版社，2004。

宫留记：《布迪厄的社会实践理论》，河南大学出版社，2009。

哈贝马斯：《现代性的哲学话语》，曹卫东等译，译林出版社，2004。

黑格尔：《法哲学原理》，范扬、张企泰译，商务印书馆，1979。

黑格尔：《精神现象学》，贺麟、王玖兴译，商务印书馆，1997。

黑格尔：《历史哲学》，王造时译，三联出版社，1956。

康定斯基：《康定斯基回忆录》，杨振宇译，浙江文艺出版社，2005。

康定斯基：《艺术和艺术家论》，吴玛俐译，重庆大学出版社，2011。

康定斯基：《艺术中的精神》，余敏玲译，重庆大学出版社，2011。

柯林斯：《哲学的社会学：一种全球的学术变迁理论》，吴琼等译，新华出版社，2004。

科耶夫等：《驯服欲望——施特劳斯笔下的色诺芬撰述》，刘小枫选编，贺志刚、程志敏等译，华夏出版社，2002。

科耶夫：《黑格尔导读》，姜志辉译，译林出版社，2005。

科耶夫等：《科耶夫的新拉丁帝国》，邱立波译，华夏出版社，2008。

科耶夫：《法权现象学纲要》，邱立波译，华东师范大学出版社，2011。

克里斯蒂昂·德拉克鲁瓦、弗朗索瓦·条斯、帕特里克·加西亚：《19—20世纪法国史学思潮》，顾杭等译，商务印书馆，2016。

雷蒙·阿隆：《雷蒙·阿隆回忆录——五十年的政治思考》，刘燕青等译，三联出版社，1992。

雷蒙·阿隆：《论自由》，姜志辉译，上海译文出版社，2007。

雷蒙·阿隆：《历史讲演录》，张琳敏译，上海译文出版社，2011。

梁启超：《先秦政治思想史》，东方出版社，1996。

梁启超：《先秦政治思想史》，天津古籍出版社，2003。

列奥·施特劳斯:《自然权利与历史》,彭刚译,三联书店,2006。

刘小枫主编《施特劳斯与古典政治哲学》,上海三联书店,2002。

吕一民、朱晓罕:《良知与担当:20 世纪法国知识分子史》,浙江大学出版社,2012。

马克·布洛克:《奇怪的战败:写在 1940 年的证词》,汪少卿译,人民大学出版社,2014。

马克斯·韦伯:《学术与政治》,冯克利译,三联书店,1998。

尼古拉·巴维雷兹:《历史的见证——雷蒙·阿隆传》,王文融译,北京大学出版社,1997。

尼克劳斯·桑巴特:《巴黎的学习岁月》,洪天富译,南京大学出版社,2010。

萨特:《辩证理性批判》,林骧华译,商务印书馆,1963。

莎蒂亚·德鲁里:《亚历山大·科耶夫:后现代政治的根源》,赵琦译,新星出版社,2007。

莎拉·贝克韦尔:《存在主义咖啡馆:自由、存在和杏子鸡尾酒》,沈敏一译,北京联合出版公司,2017。

施特劳斯、科耶夫:《论僭政——色诺芬〈希耶罗〉义疏》,何地译,华夏出版社,2006。

童世骏:《批判与实践:论哈贝马斯的批判理论》,三联书店,2007。

乌尔里希·莱瑟尔、诺伯特·沃尔夫:《二十世纪西方艺术史》下卷,杨劲译,商务印书馆,2016。

G. 希尔贝克、N. 伊耶:《西方哲学史——从古希腊到二十世纪》,童世骏、郁振华、刘进译,上海译文出版社,2004。

徐沛君编著《康定斯基》,人民美术出版社,2002。

许纪霖:《中国知识分子十论》,复旦大学出版社,2003。

薛华:《黑格尔、哈贝马斯与自由意识》,中国法制出版社,2008。

亚里士多德:《亚里士多德全集》第九卷,苗力田主编,人民大学出版社,1994。

伊森·克莱因伯格:《存在的一代:海德格尔哲学在法国,1927~1961》,陈颖译,新星出版社,2010。

郁振华：《人类知识的默会维度》，北京大学出版社，2012。

朱立元主编《美学大辞典》修订本，上海辞书出版社，2014。

Anderson, Brian C. , *Raymond Aron*, *The Recovery of the Political*, Lanham: Rowman & Littlefield Pub Incorporated, 1997.

Aubert, Paul, éd. , *Crise espagnole et renouveau idéologique et culturel en Méditerranée fin XIXe-début XXe siècle*, Aix-en-Provence: Presses de l'Université de Provence, 2006.

Auffret, Dominique, *Alexandre Kojève: la philosophie, l'Etat, la fin de l'histoire*, Paris: Librairie Générale Française, 2002.

Charle, Christophe, *La Crise des Sociétés Impériales*, Paris: Seuil, 2001.

Collectif, *Critique: Weil, Kojève, Bataille*, Paris: Les éditions de Minuit, 2000.

Collectif, *Hommage à Alexandre Kojève*, Bibliothèque Nationale de France, 2007.

Cooper, Barry, *The End of History: an Essay on Modern Hegelianism*, Toronto: University of Toronto Press, 1984.

Descombes, Vincent, *le Même et l'autre*, Paris: Minuit, 1979.

Devlin, F. Roger, *Alexandre Kojève and the Outcome of Modern Thought*, Laham: University Press of America, 2004.

Drury, Shadia B. , *Alexandre Kojeve: The Roots of Postmodern Politics*, New York: Palgrave Macmillan, 1994.

Fabiani, Jean-Louis, *Qu'est-ce quin philosophe francais ? la Vie sociale des concepts (1880-1980)*, Paris: Edition de l'Ecole des Hautes Etudes en Sciences Sociales, 2010.

Filoni, Marco, *Le Philosophe du Dimanche*, Paris: Editions Gallimard, 2008.

Gwendoline, Jarczyk, Labarrière Pierre-Jean, *De Kojève à Hegel: cent cinquante ans de pensée hégélienne en France*, Paris: A. Michel, 1996.

Hassell, James E. , *Russian Refugees in France and the United States between the World Wars*, Philadelphia: American Philosophical Society, 1991.

Hegel, G. W. F. , *Philosophy of Right*, trans by S. W Dyde, Kitchener: Batoche Books, 2001.

Hegel, G. W. F. , *Esthétique*, manuscrit de Victor Cousin, introduction et notes par Alain-Patrick Olivier, Paris: Vrin-Bibliothèque des Textes Philosophiques, 2005.

Hollier, Denis, éd. , *le Collège de Sociologie (1937-1939) : Textes de Georges Bataille et. al.* , Paris: Gallimard, 1979.

Jean-François, Sirinelli, *Génération intellectuelle. Khâgneux et normaliens dans l'entre-deux guerres*, Paris: Fayard, 1988.

Johnston, Robert Harold, *New Mecca, New Babylon: Paris and the Russian Exiles, 1920-1945*, Montreal: Mc Gill-Queen's University Press, 1988.

Kandinsky, Vassily, *Correspondances avec Zervos et Kojève, Cahiers du musée national d'art moderne, hors série/Archives*, Paris: Musée national d'art moderne, 1992.

Kendall, Stuart, *Georges Bataille*, London: Reaktion Books Ltd, 2007.

Kojève, Alexandre, *Essai d'une histoire raisonnée de la philosophie païenne, I, Les Présocratiques*, Paris: Gallimard, 1968.

Kojève, Alexandre, *Kant*, Paris: Gallimard, 1973.

Kojève, Alexandre, *Esquisse d'une phénoménologie du droit*, Paris: Gallimard, 1981.

Kojève, Alexandre, *le Concept, le Temps et le Discours*, Paris: Gallimard, 1990

Kojève, Alexandre, *L'Idée du déterminisme dans la physique classique et dans la physique moderne*, Paris: Librairie Générale française, 1990.

Kojève, Alexandre, *Essai d'une histoire raisonnée de la philosophie païenne, II, Platon-Aristote*, Paris: Gallimard, 1997.

Kojève, Alexandre, *Essai d'une histoire raisonnée de la philosophie païenne*, *III*, *Les Néo-platoniciens*, Paris: Gallimard, 1997.

Kojève, Alexandre, *Tyrannie et Sagese*, Paris: Gallimard, 1997.

Kojève, Alexandre, *l'Athéisme*, Paris: Gallimard, 1998.

Kojève, Alexandre, *la Notion de l'Autorité*, Paris: Gallimard, 2004.

Kojève, Alexandre, *Introduction à la lecture de Hegel*, Paris: Gallimard, 2008.

Kojève, G. Bataille, R. Queneau, Jean Wahl, etc., *Etudes hégéliennes*, Neuchâtel: La Baconnière, 1955.

Koyré, Alexandre, *Etudes d'histoire de la pensée philosophique*, Paris: Armand Collin, 1961.

Koyré, Alexandre, *De la Mystique à la Science*, *Cours*, *Conférences et Documents*, *1922 – 1962*, Paris: Editions EHESS, 2016.

Leonid, Livak, *Russian Emigrés in the Intellectual and Literary Life of Interwar France*: *a Bibliographical Essay*, Montreal: McGill-Queen's University Press, 2010.

Love, Jeff, *The Black Circle*: *A Life of Alexandre Kojève*, New York: Columbia University Press, 2018.

Marseille, Jacque, *Empire Colonial et Capitalisme français*, *Histoire d'une Divorce*, Paris: Albin Michel, 1984.

Nichols, James H., *Alexandre Kojeve*: *Wisdom at the End of History*, Lanham: Rowman& Littlefield Publishers, 2007.

Péan, Pierre, *Une jeunesse française François Mitterrand*, *1934 – 1947*, Paris: Fayard, 1994.

Poster, Mark, *Existential Marxism in Postwar France*: *From Sartre to Althusser*, Princeton: Princeton University Press, 1975.

Quillien, Jean, *La réception de la philosophie allemande en France aux XIXe et XXe siècles*, Lille: Presses Universitaires de Lille, 1994.

Roth, Michael S., *Knowing and History*: *Appropriations of Hegel in Twentieth-Century France*, Ithaca: Cornell University Press, 1988.

Roth, Stanley, *Hermeneutics as Politics*, Oxford：Oxford University Press，1987.

Schor, Ralph, *L'Opinion française et les étrangers*，Paris：Publications de la Sorbonne，1985.

Strauss, Leo, *On Tyranny*, Chicago：University of Chicago Press，2000.

论　文

陈喜贵：《阿隆对韦伯相对主义的超越》，《现代哲学》2001 年第 1 期。

崔唯航：《意识的内在性问题与历史之思——论科耶夫与马克思对意识哲学的批判及其路径差异》，《学海》2010 年第 6 期。

崔唯航：《劳动形而上学与政治经济学批判——以劳动问题为轴心的科耶夫与马克思的比较性研究》，《现代哲学》2012 年第 2 期。

范志均：《论黑格尔的承认辩证法——对科耶夫的批评》，《江西社会科学》2012 年第 5 期。

蒋隽：《〈中国法〉及其作者让·埃斯卡拉》，http：//www. chinalawlib. org. cn/LunwenShow. aspx？ FID ＝ 20081224141145450128&CI D ＝ 20081224141525500170&AID ＝ 20090408162421630515，最后访问日期：2012 年 10 月 23 日。

科耶夫：《科耶夫致唐·迪克陶的信》，夏莹译，《学海》2010 年第 6 期。

科耶夫：《符拉基米尔·索洛维约夫的宗教形而上学》，肖琦译，邱立波主编《海权沉浮》，广西师范大学出版社，2015。

雷东迪：《从科学史到科学思想史：科瓦雷的斗争》，刘胜利译，《科学文化评论》2010 年第 6 期。

李岚：《雷蒙·阿隆批判的历史哲学评述》，《浙江学刊》2013 年第 2 期。

刘怀玉：《存在主义马克思主义的活水源头——法国黑格尔主义与青年马克思的"再发现"》，《西南大学学报（社会科学版）》2018 年第

2 期。

刘小枫：《历史终结了？——从约阿希姆到科耶夫》，《浙江学刊》2002 年第 3 期。

刘小枫：《施特劳斯与中国：古典心性的相逢》，《思想战线》2009 年第 2 期。

欧阳康：《实践哲学思想溯源——从苏格拉底到亚里士多德》，《华中科技大学学报（社会科学版）》2006 年第 1 期。

童世骏：《理性合理与讲理》，《哲学分析》2012 年第 4 期。

吴冠军：《辩证法之疑：黑格尔与科耶夫》，《社会科学家》2016 年 12 月。

吴冠军：《齐泽克与科耶夫——辩证法的隐秘学脉》，《同济大学学报（社会科学版）》2017 年第 3 期。

夏莹：《科耶夫对黑格尔辩证法的批判及其存在论本质辨析——兼论如何理解科耶夫的“哲学人类学”》，《学海》2010 年第 6 期。

夏莹：《论科耶夫哲学要义及其对现象学的误读——以对〈科耶夫给唐·迪克陶的信〉的解读为基础》，《现代哲学》2012 年第 2 期。

肖琦：《科耶夫与中国》，《华东师范大学学报》2013 年第 5 期。

肖琦：《承认的几个维度——以科耶夫与福山为中心的探讨》，《浙江学刊》2017 年第 5 期。

肖琦：《科耶夫与康定斯基》，《俄罗斯文艺》2018 年第 1 期。

肖琦：《法国左翼知识精英对黑格尔的接受和形塑（1920—1960）——科耶夫与巴塔耶的思想论争》，《当代国外马克思主义评论》，人民出版社，2019。

薛华：《文化对话：世界视野》，《哲学分析》2011 年第 5 期。

严搏非：《写给亚历山大·科耶夫》，https：//site. douban. com/108539/widget/notes/13110934/note/316031701/，最后访问日期：2019 年 6 月 30 日。

严泽胜：《科耶夫：欲望和历史的辩证法》，《外国文学》2003 年第 6 期。

仰海峰：《〈精神现象学〉中的主人—奴隶的辩证法——科耶夫〈黑

格尔导读〉的核心理念》,《现代哲学》2007 年第 3 期。

一行:《从〈现象学〉到〈法哲学〉:一个自由主义者的"政治成熟"——评高全喜〈论相互承认的法权〉》,《世界哲学》2006 年第 6 期。

于格·戴和特:《非殖民化与欧洲建设》,《浙江学刊》2007 年第 1 期。

张盾:《"历史的终结"与历史唯物主义的命运》,《中国社会科学》2009 年第 1 期。

张亮:《欲望,死亡与承认:科耶夫式黑格尔哲学的三个关键词》,《江苏社会科学》2004 年第 3 期。

张汝伦:《作为第一哲学的实践哲学及其概念》,《复旦学报(社会科学版)》2005 年第 5 期。

张生:《从寻求"承认"到成为"至尊"——论巴塔耶通过科耶夫对黑格尔的主奴思想的吸收》,《现代哲学》2011 年第 4 期。

张尧均:《后历史时期的生活和艺术——科耶夫的艺术观》,《同济大学学报(社会科学版)》2016 年第 6 期。

Barasz, Johanna, «De Vichy à la Résistance: les vichysto-résistants, 1940 – 1944», *Guerres mondiales et conflits contemporains* 242 (2011).

Bloom, Allan, «Kojève, le philosophe», *Commentaire* 9 (1980).

Bourdieu, Pierre, "Fourth Lecture. Universal Corporatism: The Role of Intellectuals in the Modern World," *Poetics Today* 12 (1991).

Bourdieu, Pierre, "Les conditions sociales de la circulation internationale des idées," *Actes de la recherche en sciences sociales* 145 (2002).

Charle, Christophe, "Intellectuals, History of the Concept," in *International Encyclopedia of the Social and Behavioral Sciences* (Oxford: Elsevier Science Ltd, 2001).

Charle, Christophe, «Intellectuels et fin de siècle en Europe: convergence ou divergence?» in Paul Aubert éd., *Crise espagnole et renouveau idéologique et culturel en Méditerranée fin XIXe-début XXe siècle* (Aix-en-Provence: Presses de l'Université de Provence, 2006).

Chimisso, Cristiana, "Review Works: Bibiliographie d'Alexandre Koyré by Jean-Francois Stoffel and Paola Zambelli," *ISIS* 95（2004）.

Clagett, Marshal, "Commemoration," *ISIS* 57（1966）.

Demangeon, Albert, «Les importations de matières premières coloniales en France », *Annales de Géographie* 213（1929）.

Desanti, Jean, «Hegel, est-il le père de l'existentialisme?», *La Nouvelle critique* 56（1954）.

Duclos, Jacques, «Le Parti et les Intellectuels », *La Nouvelle Critique* 56（1954）.

Filoni, Marco, «Alexandre Kojeve et Eric Weil, Chemins Croisés », https：//www. academia. edu/10708711/Alexandre ＿ Kojeve ＿ et ＿ Eric ＿ Weil. ＿ Chemins＿ croises, 最后访问日期：2018 年 8 月 24 日。

Georgesco, Florent, «Kojève des deux côtés du rideau de fer», *Le Monde*, le 8 aôut（2018）.

Goldford, Denis J. , " Kojeve's Reading of Hegel," *International Philosophie Quarterly* 22（1982）.

Gourevitch, Victor, "Philosophy and Politics Ⅰ," *Review of Metaphysics* 22（1968）

Gourevitch, Victor , "Philosophy and Politics Ⅱ," *Review of Metaphysics* 22（1968）.

Grant, George, "Tyranny and Wisdom：A Comment on the Controversy between Leo Strauss and Alexandre Kojève," *Social Research* 31（1964）.

Hassell, James E. , "Russian Refugees in France and the United States between the World Wars," *Transactions of the American Philosophical Society* New Series 81（1991）.

Hassner, Pierre, « Le Phénomène Kojève », *Commentaire* 128（2009 – 2010）.

Heckman, John, "Hyppolite and the Hegel Revival in France," *Telos* 16（1973）.

Kojève, Alexandre, «Hegel, Marx et le Chrisianisme», *Critique* 3 – 4（1946）.

Kojève, Alexandre, «Christianisme et communisme», *Critique* 3 – 4 (1946).

Kojève, Alexandre, CR de: Marcel Granet, *la Civilisation Chinoise*, Paris: Editions Albin Michel, 1929, *Recherhces Philosophiques* 4 (1934 – 1935).

Kojève, Alexandre, «Capitalisme et Socialisme, Marx est Dieu, Ford est son prophète», *Commentaire* 9 (1980).

Kojève, Alexandre, «Diffucultés et Espoirs de l'O. E. C. E», *France illustration* Sept (1949).

Kojève, Alexandre, «Entretien avec Gilles Lapouge, 'les philosophes ne m'intéressent pas, je cherche des sages'», *la Quinzaine littéraire* 53 (1968).

Kojève, Alexandre, «la Métaphysique religieuse de Vladimir Soloviev», *Revue d'histoire et de philosophie religieuses* 14 (1934 – 1935).

Kojève, Alexandre, «la Métaphysique religieuse de Vladimir Soloviev», *Revue d'histoire et de philosophie religieuses* 15 (1934 – 1935).

Kojève, Alexandre, «le dernier monde nouveau», *Critique* 111 – 112 (1956).

Kojève, Alexandre, «les Peintures Concrètes de Kandinsky» («Pourquoi Concret»), *Revue de Métaphysique et de Morale* 2 (1985).

Kojève, Alexandre, «les Romans de la Sagesse», *Critique* 60 (1952).

Kojève, Alexandre, «Nécessité d'une révision systématique des principes fondamentaux du commerce actuel», *Développement et civilisations* 19 (1964).

Kojève, Alexandre, «Préface à l'œuvre de Georges Bataille», *l'Arc* 44 (1971).

Koyré, Alexandre, "Present Trends of French Philosophical Thought: Introduction by Paola Zambelli," *Journal of the History of Ideas* 59 (1998).

Lila, Mark, "The End of Philosophy: How a Russian Émigré Brought Hegel to the French," *Times Literary Supplement* April 5 (1991).

Marseille, Jacque, «La gauche, la droite et le fait colonial en France. Des années 1880 aux années 1960», *Vingtième Siècle, Revue d'Histoire*

24（1989）.

Maruyama, Masayuki, «Alexandre Kojève et Georges Bataille, deux pensées ' contre-révolutionnaires'différentes », *Etudes de Langue et Littérature francaises*, 102（2013）.

Mudimbe, V. Y., A. Bohm, "Hegel's Reception in France," *Bulletin de la Société Américaine de Philosophie de Langue Française* 3（1994）.

Nart, Raymond, « Alexandre Kojevnikov dit kojève », *Commentaire* (161) 2018.

Nichols, James H. , «l'Enseignement de Kojève sur l'Autorité», traduit par Isabelle Hausser, *Commentaire* 128（2009 – 2010）.

Paléologue, Maurice, «Carl schmitt et alexandre kojève. Une anecdote, une conférence et autres miettes », *Commentaire* 87（1999）.

Pinto, L. , « (Re) traductions. Phénoménologie et ' philosophie allemande' dans les années 1930», *Actes de la recherche en sciences sociales* 155（2002）.

Pippin, Robert P. , " Being, Time, and Politics: The Strauss-Kojève Debate," *History and Theory* 32（1993）.

Pudal, Romain, «Contribution à l'analyse de la circulation internationale des idées: le "moment 1900" de la philosophie Française et la philosophie pragmatisme Americaine», *Histoire@ Politique* 15（2011）.

Queneau, Raymon, «Première Confrontation avec Hegel », *Critique* Aug-sept（1963）.

Riley, Patrick, "Introduction to the Reading of Alexandre Kojève," *Political Theory* 9（1981）.

Rosen, Stanley, "Kojève's Paris: A Memoir," *Parallax* 3（1997）.

Roth, Michael S. , "A Note on Kojève's Phenomenology of Right," *Political Theory* 11（1983）.

Roth, Michael S. , "A Problem of Recognition: Alexandre Kojève and the End of History," *History and Theory*: *Studies in the Philosophy of History* 25（1985）.

Sabennikova, Irina, "Russian Emigration in 1917 – 1939: Structure, Geography, Comparative Analysis," A *Quarterly Journal of the Russian Academy of Sciences* 1 (2011).

Sabot, Philippe, « Bataille, Entre Kojève et Queneau: Le Désir et l'Histoire », *Le Portique* 29 (2012).

Scholz, Danilo, «Alexandre Kojève et Gaston Fessard sur l'autorité et la politique », *Revue philosophique de la France et de l'étranger* 141 (2016).

Vogt, W. Paul, "Identifying Scholarly and Intellectual Communities: A Note on French Philosophy, 1900 – 1939," *History and Theory* 21 (1982).

Weberi, Michel, « Jean Wahl (1888 – 1974)», https://www.academia.edu/869324/_ Jean_ Wahl_ 1888_ 1974_ 2008_ , 最后访问日期: 2019 年 6 月 30 日。

Feuerhahn, Wolf, «Biographie d'Alexandre Koyré», http://koyre.ehess.fr/index.php?/le-centre-alexandre-koyre/1074 – lire-sa-biographie, 最后访问日期: 2018 年 8 月 24 日。

录音资料

«Philosopher à Paris dans les années 30: Kojève/Koyré» enregistrement, Paris, le 17 – 18 mars, le 5 – 6 mai, 2011.

博士论文

Katherine Foshko, France's Russian Moment: Russian Emigres in Interwar Paris and French Society, Ph. D. Diss. , Yale University, 2008.

年　鉴

École Pratique des Hautes Etudes, *Section des Sciences religieuses. Annuaire* 1932 – 1940, Paris: École pratique des hautes études, 1931 – 1939.

工具书

新华通讯社译名室编《俄语姓名译名手册》，商务印书馆，1982。

新华通讯社译名室编《法语姓名译名手册》，商务印书馆，1996。

新华通讯社译名室编《德语姓名译名手册》，商务印书馆，1999。

新华通讯社译名室编《英语姓名译名手册》，商务印书馆，2004。

Acephale	《阿塞法勒》
Alford，William	安守廉
Aron，Raymond	雷蒙·阿隆
Andler，Charles	夏尔·安德莱
Agrégation	哲学教师资格会考
Baader	巴德尔
Bachelard，Gaston	加斯东·巴什拉
Barrès，Maurice	莫里斯·巴雷斯
Bataille，Georges	乔治·巴塔耶
Bayle，Pierre	皮埃尔·拜尔
Bloom，Allan	阿兰·布鲁姆
Braudel，Fernand	费尔南·布罗代尔
Breton，André	安德烈·布勒东
Broglie，Louis de	路易·德·布罗意
Bruhl，Metzger	梅茨格·布鲁尔
Caillois，Roger	罗歇·凯卢瓦
Canguilhem，Georges	乔治·康吉扬
Cercle Communiste Démocratique，（缩写为 CCD）	民主共产主义社团
Charle，Christophe	克里斯托夫·夏尔
Chevalley，Claude	克劳德·谢瓦莱
Clagett，Marshall	马歇尔·克拉格特
Clappier，Bernard	贝尔纳·克拉皮耶

Granet, Marcel	马塞尔·葛兰言
Gourevitch, Victor	维克多·古尔维奇
Gouhier, Henri	亨利·古耶
Groethuyse, Bernard	贝尔纳·格罗修森
Gutermann, Norbert	诺贝尔·居特曼
Gurvitch, Georges	乔治·古尔维奇
Gurwitsch, Aron	阿隆·古尔维奇
Hartmann, Nicolai	尼古拉·哈特曼
Hassell, James	詹姆斯·哈塞尔
Herr, Lucien	吕西安·埃尔
Hotho, Heinrich Gustav	海因里希·古斯塔夫·霍托
Hypolite, Jean	让·伊波利特
Ivanoff, Nina	尼娜·伊凡诺夫
Janson de Sailly	德萨伊
Joachim of Fiore	约阿希姆
Kandinsky, Vassily	瓦西里·康定斯基
Klossowski, Pierre	皮埃尔·克洛索夫斯基
Kojève, Alexandre	亚历山大·科耶夫
Koustnetzoff, Nina	尼娜·库茨涅佐夫
Koyré, Alexandre	亚历山大·科瓦雷
Krausse, Friedrich	弗里德里希·克劳瑟
Krebs, Nicolas	尼古拉斯·克雷布斯
Lacan, Jacques	雅克·拉康
La Cocarde	《徽章》
La Courtine	拉库尔坦
L'Ardenne	阿登
La Critique Sociale	《社会批评》
Langevin, Paul	保罗·朗之万
La Nouvelle Critique	《新批评》

Nart，Raymond	雷蒙·纳尔
Nizan，Paul	保罗·尼赞
Organisation de coopération et de développement économiques，（缩写为 OCDE），	经济合作与发展组织
Oetinger	厄廷格
Padoux，George	宝道
Philip，André	安德烈·菲利普
Politzer，Georges	乔治·波利策
Prix Gegner	盖格内奖
Prix le Dissez de Penanrum	迪塞·德·珀南吕姆奖
Pudal，Romain	罗曼·普达尔
Queneau，Raymond	雷蒙·奎诺
Quillien，Jean	让·基连
Reichenbach，Hans	汉斯·赖欣巴哈
Renan，Ernest	恩斯特·勒南
Revue du Rationalisme Moderne	《现代理性主义》
Revue Philosophique	《哲学》
Rosen，Stanley	斯坦利·罗森
Roth，Michael	迈克尔·罗思
Royaumont	鲁瓦约蒙
Saint-Quentin	圣康坦
Sakurazawa，N.	N. 樱泽
Scheffler	舍夫勒
Scholz，Danilo	丹尼洛·肖尔茨
Schweighauser，Geoffroy	若弗鲁瓦·施魏格奥塞
Skovoroda，Grégoire	格雷瓜尔·斯科沃罗达
Sombart，Nicolaus	尼克劳斯·桑巴特
Souvarine，Boris	鲍里斯·苏瓦林
Stitny	希基特尼
Taganrog	塔甘罗格

后　记

　　本书是在我博士论文的基础上修改而成的。毕业后的几年，教学与科研为我修改博士论文提供了许多灵感与方法借鉴。科耶夫的审慎与隐秘常常使研究者产生疑惑甚至挫败感，倘若从知识史的视野出发，在理解与重构他思想与实践上规律性的同时，更多地观照那些断裂与偶然性，或许能够得出一些有意义的启示。基于此，我在书中把科耶夫放置回法兰西第三共和国的思想与社会环境中，梳理他的知识生产、社会网络与学界生态之间的关系，考察他走上法兰西思想神坛的全过程。

　　从博士论文定题算起至今，十载光阴匆匆逝去。十年中，我完成了从学生向教师的身份转变；十年中，母亲的鬓角上也平添了许多白发；十年，有太多的人想要感谢。感谢我的博士论文导师童世骏教授与克里斯托夫·夏尔（Christophe Charle）教授，感谢先师王令愉教授，感谢母校华东师范大学历史系的师长与同事给予我的思想启迪和无微不至的关心、帮助，感谢社会科学文献出版社编辑为本书的顺利出版所做的认真细致的工作。感谢我最亲爱的师长、朋友与家人，感恩一路有你们相伴。

2019 年冬于上海

图书在版编目（CIP）数据

法兰西思想界的神牛：科耶夫的知识生产与传播 /
肖琦著 . －－北京：社会科学文献出版社，2019.12
（大夏世界史文丛）
ISBN 978 - 7 - 5201 - 3133 - 9

Ⅰ.①法…　Ⅱ.①肖…　Ⅲ.①哲学理论－法国－现代
Ⅳ.①B565.59

中国版本图书馆 CIP 数据核字（2019）第 256061 号

大夏世界史文丛
法兰西思想界的神牛：科耶夫的知识生产与传播

著　　者／肖　琦

出 版 人／谢寿光
组稿编辑／宋荣欣　李期耀
责任编辑／李期耀
文稿编辑／李　璐

出　　版／社会科学文献出版社·历史学分社（010）59367256
　　　　　地址：北京市北三环中路甲 29 号院华龙大厦　邮编：100029
　　　　　网址：www. ssap. com. cn
发　　行／市场营销中心（010）59367081　59367083
印　　装／北京盛通印刷股份有限公司

规　　格／开　本：787mm × 1092mm　1/16
　　　　　印　张：11.75　字　数：188 千字
版　　次／2019 年 12 月第 1 版　2019 年 12 月第 1 次印刷
书　　号／ISBN 978 - 7 - 5201 - 3133 - 9
定　　价／69.00 元

本书如有印装质量问题，请与读者服务中心（010 - 59367028）联系